Chinese History for Teenagers

少年中国史

中央集权下的多元化帝国

明

佟洵　赵云田·主编

北京理工大学出版社
BEIJING INSTITUTE OF TECHNOLOGY PRESS

版权专有 侵权必究

图书在版编目（CIP）数据

中央集权下的多元化帝国：明 / 佟洵，赵云田主编. —北京：北京理工大学出版社，2020.6 （2021.2重印）
ISBN 978-7-5682-8304-5

Ⅰ. ①中… Ⅱ. ①佟… ②赵… Ⅲ. ①中国历史－明代－少年读物 Ⅳ. ①K248.09

中国版本图书馆 CIP 数据核字（2020）第 049925 号

中央集权下的多元化帝国
明

出版发行 /	北京理工大学出版社有限责任公司
社　　址 /	北京市海淀区中关村南大街5号
邮　　编 /	100081
电　　话 /	（010）68914775（总编室）
	（010）82562903（教材售后服务热线）
	（010）68948351（其他图书服务热线）
网　　址 /	http://www.bitpress.com.cn
经　　销 /	全国各地新华书店
印　　刷 /	河北盛世彩捷印刷有限公司
开　　本 /	710毫米×1000毫米　1/16
印　　张 /	14
字　　数 /	236千字
版　　次 /	2020年6月第1版　2021年2月第6次印刷
定　　价 /	34.00元

责任编辑 / 顾学云
文案编辑 / 朱　喜
责任校对 / 周瑞红
责任印制 / 边心超

图书出现印装质量问题，请拨打售后服务热线，本社负责调换

前言

中央民族大学教授　陈梧桐

代元而起的明朝,是中国古代史上汉族地主阶级建立的最后一个统一王朝,也是仅次于唐朝的第二个国祚绵长的封建王朝,统治时间长达277年。时当中国封建社会的晚期,一方面是传统的封建政治、经济、文化发展到极度成熟的地步;另一方面则是出现了许多新的因素,促使整个社会从经济基础到上层建筑发生了全面的变化,呈现出从中世纪向近代转型的新气象,在中国古代史上占有重要的地位。

从洪武元年(1368年)明太祖登基称帝到正统七年(1442年)王振专权,是明朝的开创时期。明太祖创建明朝后,一面调兵遣将,将元朝皇帝逐出大都(今北京),赶往漠北,逐步实现了统一;一面大刀阔斧地改革国家机构,强化君主专制中央集权制度,实行海禁,由官府垄断海外贸易,并革除元朝弊政,力倡程朱理学,振兴文教,实行休养生息,轻徭薄赋,使社会秩序渐趋稳定,经济迅速得到恢复和发展。此后,雄才大略的明成祖将明太祖的基业积极加以拓展,明仁宗、明宣宗又力加守成,弼成"洪永熙宣盛世",奠定了当时中国在亚洲和世界上的强国地位。郑和下西洋,将海上丝绸之路从印度半岛延伸到非洲东海岸,开辟亚非之间的交通网络,彰显了明朝在世界上的影响。明宣宗去世后,年幼的明英宗继位,宣德朝辅臣杨士奇、杨荣和杨溥继续辅政,保持了政局的稳定。

从正统七年王振专权到万历十年(1582年)张居正去世,明朝进入了积弱与改革时期。此时社会生产力继续快速发展,白银日趋货币化,农业生产日益商品化,一批工商业城镇迅速崛起,私人海外贸易日趋兴盛,明廷被迫在隆庆年间开放海禁,资本主义萌芽在江南地区破土而出,经济结构开始出现缓慢的变化,城镇居民逐渐兴起拜金逐利、奢侈享乐的风气,违礼越制的现象层出不穷,王阳明建构的心学体系更对程朱理学发起挑战。至弘治、成化年间,明代社会已表露出向近代转型的征兆。在商品、货币的刺激下,大地主集团的胃口更加膨胀,土地兼并日益加剧,赋役征派日趋苛重。封建统治日渐黑暗腐朽,几代皇帝或纵情声色,或佞佛崇道,导致宦官与权臣迭相专权,社会矛盾日趋激化。从正统年间开始,大规模的农民起义此起彼伏,到嘉靖年间更形成鞑靼不时南下骚扰和倭寇不断入侵东南沿海的"南倭北虏"交相困逼的局面,葡萄牙殖民者也乘机租居澳门。面对内忧外患,地主阶级的有识之士,在嘉靖初年和隆庆年间掀起一股改革浪潮,至万历初年形成集大的张居正改革,使统治危机得到了暂时的缓解。

从万历十年张居正去世、明神宗亲政到崇祯十七年(1644年)李自成农民军攻占北京、明思宗吊死煤山(今北京景山),是明朝的衰败时期。此时中国与世界开始连接,中国和西方直接发生接触。国内的商品货币经济和资本主义萌芽继续缓慢地向前发展,全国性市场初步形成,并向世界延伸,海外贸易迅速增长,大量白银滚滚流入中国。逐利与奢侈之风更加盛行,违礼越制的现象更是屡见不鲜。由心学发展起来的泰州学派,以及被称作"异端之尤"的李贽,更是高举反传统的旗帜,倡导启蒙思想。作为心学的逆动,实学思潮也日趋勃兴。文学艺术加快了革新的步伐,市民文学日显兴盛,由西方传教士输入的近代科学知识,也为一些有识之士所吸纳。在明中期出现的社会转型迹象,此时已更加普遍、显著地呈现出来。然而,大地主集团却也更加贪婪和奢靡,疯狂地加大对广大农民和城镇居民的压榨与掠夺,导致民变与兵变的频发。统治集团也更加腐朽。明神宗亲政不久便怠于政事,只顾聚敛财货、寻欢作乐,明光宗沉湎酒色,明熹宗嗜好玩乐,君主专制的中央集权统治已经难以维持,对社会的控制日渐松弛。统治阶级内部派系林立,争斗不休。建州女真乘机在东北崛起,建立后金(后改号为清)政权。荷兰、西班牙殖民者则侵占我国的神圣领土台湾。为了对付内忧外患,明朝统治者耗尽了国力,最后终于为农民大起义的浪潮所覆灭。

目录

少年中国史

明

布衣崛起 / 10

扫平群雄 / 16

应天府称帝 / 22

北伐中原 / 24

封诸王，戮功臣 / 28

传奇军师刘基 / 32

血腥文字狱 / 38

靖难之役 / 40

迁都北京 / 46

永乐盛世 / 48

郑和下西洋 / 54

● **中国古代航海日志 / 58**

宗喀巴大师 / 62

大明奇才解缙 / 66

汉王朱高煦叛乱 / 70

宦官王振擅权 / 74

土木之变 / 78

北京保卫战 / 82

● **种类繁多的明代火器 / 84**

英宗复辟 / 86

曹石之变 / 88

汪直掌西厂 / 94

荒嬉无度的明武宗 / 98

刘瑾专政 / 102

大礼仪风波 / 106

世宗崇道 / 108

青词宰相严嵩 / 110

● **吴门四家 / 114**

葡萄牙占澳门 / 116

李时珍与《本草纲目》／118

张居正改革／122

书画奇才，词坛飞将／126

绝代奇才汤显祖／130

抬棺上疏的海瑞／134

戚继光抗倭／138

援朝抗倭／142

● **明朝海禁与倭患／146**

矿使税监激民变／148

徐光启开"格物穷理"之学／150

后金的崛起／154

梃击案／158

红丸案／160

移宫案／162

荷兰侵占台湾／164

宁远大捷／166

东林党争／168

魏忠贤专权／170

铲除阉党／176

千古奇冤袁崇焕／178

闯王来了不纳粮／182

张献忠建大西／186

崇祯殉国／190

史可法孤守扬州／192

南明王朝的灭亡／196

王守仁与阳明学派／200

《徐霞客游记》／204

科学名士宋应星／206

晚明国画大师／210

争奇斗艳的明代小说／216

盛行的刻书之风／220

● **中外大事年表对比／222**

明

1368年—1644年

极致皇权，治隆唐宋
完备森严的制度兴盛了繁荣辉煌的经济
郑和七下西洋，万历三征倭寇
惜宦官荼毒，社稷亡而君王死
只有百花争艳的名著里
依旧铭刻着朱家王朝裂变的轨迹

1351年—1356年

太祖时年二十四，谋避兵，卜于神，去留皆不吉。乃曰："得毋当举大事乎？"卜之吉，大喜，遂以闰三月甲戌朔入濠见子兴。子兴奇其状貌，留为亲兵。战辄胜，遂妻以所抚马公女，即高皇后也。

——《明史》

布衣崛起

当乱世的残酷连吃口饱饭的梦想都留不住时，一个放牛郎，揣着云游过四方的见识和历练，在战争中快速成长为一个英勇睿智、气度恢宏的统帅，继而又成为一个勤政爱民、杀戮成性的帝王。

出生日期
1328年

别名
幼称重八，初名兴宗，字国瑞

出生地
濠州钟离（今安徽凤阳）

职业
僧人、步卒、军官、皇帝

相貌特征
姿貌雄杰，奇骨贯顶

逸事典故
珍珠翡翠白玉汤、怒打伽蓝神、八月十五杀鞑子

托钵流浪

天历元年（1328年），朱元璋出生在濠州钟离（今安徽凤阳）的一个贫农家庭，其父为朱世珍，母为陈氏，他在家里排行第四，家族兄弟排行第八，所以得名朱重八，后改名朱元璋。至正四年（1344年），朱元璋17岁，濠州发生了严重的蝗灾和瘟疫。朱家三人相继饿死，却没有坟地安葬。就在朱元璋愁苦无助之时，同村人刘继祖给了他一块坟地。朱元璋和二哥埋葬了亲人，决定分开各寻生路。朱元璋孤苦无依，在外流浪了四个月，来到皇觉寺剃度为僧，做了小行童。但好景不长，饥荒越来越严重，寺里也得不到供奉，寺主只好停止供应伙食，打发僧人外出化缘。

朱元璋
朱元璋（1328年—1398年），字国瑞，原名重八，濠州钟离（今安徽凤阳）人，明朝开国皇帝。在位期间收揽英雄，平定四海，纳谏如流，求贤若渴，重农桑，兴礼乐，褒节义，崇教化，制定的各种法规都很相宜，前所未有。但他性格严苛，晚年偏好诛杀，使得一代开国元勋很少有善始善终者。

洪武出世

清代年画，描绘了幼时家贫的朱元璋为富人刘太秀家放牛，顽皮的朱元璋与小伙伴杀了小牛，饱餐一顿后，将小牛的尾巴插入石缝中。刘太秀问及，朱元璋便说小牛钻进了石缝，刘太秀前去查看，既看到牛尾在动，又听到牛叫，便作罢。

这样，朱元璋开始了云游僧人的生涯，托钵流浪。他离开了濠州，先到合肥，再向西进入河南，走遍固始、信阳，一路向北来到汝州、陈州，最后历经鹿邑、亳州，回到颍州。风餐露宿的流浪生活持续了三年多，至正八年（1348年），朱元璋又回到了皇觉寺。朱元璋走遍了皖西豫东的广大地区，开阔了眼界，增长了见识。由于身处最底层，接触三教九流，让他变得勇敢、果断，也让他认识到人性中阴暗的一面，铸就了猜忌、残忍的性格。

朱元璋在外流浪的这三年，正是中原大地民怨沸腾、山雨欲来之际。当时，白莲教徒韩山童宣传"天下当大乱，弥勒佛下生，明王出世"，河南、江淮间信众颇多，他们相信明王转世，所以又称明教。至正十一年（1351年）五月，韩山童自称明王出世，和刘福通召集信众，在安徽颍州揭竿而起，起义军头戴红巾，号称"红巾军"。各地纷纷响应，皆以红巾裹头为识。和尚彭莹玉率其门徒在湖北蕲州起义，扶徐寿辉为帝。李二、彭大、赵均用也聚众起兵于徐州。第二年正月十一日，安徽定远土豪郭子兴联合孙德崖等五人起兵，自称元帅。起义军攻下濠州，并接受了颍州刘福通的领导。

身居佛门静地的朱元璋，耳闻目睹了轰轰烈烈的农民起义，心情也泛起波澜。这时，在郭子兴军队的汤和写信给朱元璋，邀他去投奔红巾军。汤和是朱元璋同乡，幼时一同玩耍，一同放牛，现在已成为红巾军中的小头目。朱元璋动心了。恰在此时，皇觉寺被乱兵烧毁，朱元璋于是放下钵盂，去投奔郭子兴的红巾军。这一年，朱元璋25岁。

加入义军

朱元璋起初只是步卒，但他作战勇敢，足智多谋，粗通文墨，很快脱颖而出。郭子兴见他"姿貌雄杰，奇骨贯顶"，就收为宗人，视同子弟，旋即擢作亲兵九夫长，调到帅府做事。朱元璋精明干练，又讲义气，知人善用，和下层士兵打成一片，深受拥戴。郭子兴遂将他视作左膀右臂，时常和他商量军务，又把养女马氏嫁给了他，从此军中改称他为朱公子。朱元璋在军中如鱼得水，作用越来越大。这时候他起了正式的官名元璋，字国瑞。

当时，占据濠州的起义军领袖共有五人，各称元帅，互不相让。郭子兴看不惯孙德崖等四人打家劫舍的行为，那四人也想推翻郭子兴。不久，徐州的起义军被元军打败，首领彭大、赵均用率领余部投奔濠州，他们虽被打败，实力仍在濠州五人实力之上，孙德崖推举他俩做首领。郭子兴和彭大性情相投，便厚待彭大，孙德崖则依附赵均用。濠州的义军分成了两个阵营，双方摩擦不断，甚至火并。有一次，孙德崖挑拨赵均用绑架了郭子兴，多亏彭大和朱元璋合力救出。

至正十二年（1352年）十二月，元将贾鲁率军包围了濠州。义军激战五个月，终于击溃元军，解濠州之围。义军死伤过半，朱元璋主动请求回老家钟离募兵。同村好友徐达、周德兴、郭英等二十多人听说朱元璋做了起义军的头目，纷纷前来投效，成为朱元璋手下的骨干。朱元璋招募了七百多人，带他们进了濠州，郭子兴十分高兴，就任命朱元璋为镇抚。从此，朱元璋正式成为带兵的军官。

马皇后

马氏（1332年—1382年），本名不详，是归德府宿州人，原是郭子兴的养女，在朱元璋还是红巾军将领时嫁给了他，随后与他共患难。朱元璋称帝后，即册封妻子为皇后。马皇后51岁病逝后，朱元璋再没有立过皇后。

朱元璋不满于听人号令，又发觉郭子兴暗弱，难成大事，就决定另谋发展。为了不引起其他首领的猜忌和阻拦，朱元璋让出了自己招募来的七百人，只带着徐达、汤和、吴良、吴祯、耿炳文、郭英、郭兴等二十几名心腹远走定远。朱元璋设计收服了张家堡驴牌寨民兵三千人，不久又劝降了攻打过濠州的缪大亨的义兵两万余人。短短几个月，朱元璋就有了两万多人的军队，发展之快，如有神助。朱元璋把新收编来的"精壮两万，悉加训练"，并且勉励大家，齐心协力，共建大业。士兵都非常佩服朱元璋。进行了短时间的训练后，朱元璋率军南下滁阳。

朱元璋进军滁阳时，定远人冯国用、冯国胜兄弟二人率众前来投靠。二人读书多，通兵法。朱元璋同他们讨论天下大势，冯氏兄弟认为金陵是龙盘虎踞之地，应夺取集庆路（今江苏南京），借以征战四方，夺取天下。朱元璋听了很高兴，任命冯国用为幕府参议。不久，定远人李善长也来求见。他建议朱元璋学习汉高祖刘邦，度量大，看得远，知人善任，不乱杀人，五载即可成帝业。朱元璋深受打动，留他做幕府掌书记，不仅让他参与机密，还让他协调诸将之间的关系，调解纠纷，并负责考察人才。

朱元璋很快攻下了滁阳，队伍扩大到3万多人。朱元璋长兄之子朱文正和姐夫李贞、外甥李文忠前来投靠，随之而来的还有12岁的定远孤儿沐英。不

郭子兴

郭子兴（1302年—1355年），定远（今安徽定远）人，元末群雄之一，江淮地区的红巾军领袖，他去世后，其势力基本被朱元璋继承。洪武三年（1370年），朱元璋追封他为滁阳王。

久，郭子兴也率万余人来到滁阳。郭子兴见朱元璋军队训练有素，纪律严明，不禁喜出望外。朱元璋主动交出了兵权，被任命为总管。郭子兴觉得自己实力壮大了，应该像其他人一样称王号。朱元璋劝他说，滁阳山城，交通不便，非久留之地，郭子兴才打消了称王的念头。朱元璋决定向南攻打长江边上的和州，解决粮食问题。至正十五年（1355年），朱元璋率部攻克和州。部分士兵进城之后烧杀抢掠，朱元璋得知情况，立刻召集众将，申明纪律，命令送还所掠妇女。此后，朱元璋更加注重军队

纪律，严禁掳掠，在民众中留下良好的名声。

这一年，刘福通等人在邻近的亳州建立了龙凤政权，朱元璋虽怀大志，无奈势单力薄，只能暂时接受龙凤政权名义上的领导。同一年，郭子兴病逝，其子郭天叙继任为主帅。朱元璋因为有一支属于自己的队伍，成了实际上的掌权者。

荣入集庆路

与和州隔江相望的太平（今安徽当涂）是富饶的鱼米之乡，且为集庆路门户，自古以来是兵家必争之地。朱元璋要取集庆路，必须先渡江夺取太平。就在朱元璋为船只苦恼时，结寨巢湖的红巾军水军战船千余艘在主将廖永安、俞通海等人带领下，突破元军封锁前来投靠。至正十五年（1355年）六月，朱元璋率领众将引舟渡江，攻克牛渚、采石，沿江诸镇望风归附。江东太平已久，财米众多，诸将欲满载而归。朱元璋果断下令，砍断缆绳，把船推到江心流走，诸军大惊。朱元璋号令士兵一鼓作气，攻克太平。朱元璋进入太平后，军纪严明，秋毫无犯，得到了城中百姓的拥护。

朱元璋击退了进攻太平的元军，开始部署攻打集庆路。在进攻集庆路期间，郭天叙战死，郭子兴的军队尽归朱元璋指挥。至正十六年（1356年）三月，朱元璋首先攻破了江宁镇的陈兆先军营，收降其部3.6万人。又七日，攻下集庆路，水军元帅康茂才率众归降。

朱元璋拿下集庆路，信心大增，自视为救民于水火的真命天子。进城后立刻发布军令严禁扰民，并安抚百姓。改集庆路为应天府，置江南行中书省，朱元璋兼总省事。置天兴建康翼统军大元帅府，以廖永安为统军元帅，李善长为左右司郎中。朱元璋占领了富裕的应天府，但大业尚未成功，迎接他的是比元军还要可怕的对手。

明孝陵石翁仲
明孝陵坐落于南京市玄武区紫金山南麓独龙阜玩珠峰下，是明太祖朱元璋与马皇后的合葬陵墓。陵园神道上的这两尊石翁仲，一为文臣，一为武将。所谓石翁仲，是指古代帝王或大臣墓前的石人像。

明洪武·青花云龙纹春寿瓶

明代官廷御用瓷器,卷唇、短颈、丰肩、腹以下缓收,胫部外撇呈凤尾形。通体以青花饰云龙纹,瓶肩上书篆体"春寿"二字,是洪武瓷中少见的书篆款器。现藏于上海博物馆。

1356年—1367年

友谅伏兵郭外，迎寿辉入，即闭城，悉杀其所部。……遂挟寿辉东下，攻太平。……遂克之。志益骄，进驻采石矶，遣部将阳白事寿辉前，戒壮士挟铁挝击碎其首。寿辉既死，以采石五通庙为行殿，即皇帝位，国号汉，改元大义。

——《明史·陈友谅传》

扫平群雄

陈友谅自恃兵多地广，锋芒毕露，谋弑徐寿辉，急于求成之下授首鄱阳湖。张士诚地方千里，带甲数十万，但他安逸厌战，坐失良机，终于国破身亡。

时间
1356年—1367年

地点
中国南方

争战群雄
朱元璋、陈友谅、张士诚、方国珍

朱元璋策略
高筑墙，广积粮，缓称王；先西后东，先强后弱

重要战役
江东桥伏击战、洪都守城战、鄱阳湖大战、平江战役

意义
统一了江南，奠定了北上灭元的物质基础和军事基础

逸事典故
江西老表、烧久思香

巩卫金陵

朱元璋虽然占据了应天府，但总的来说，依然地狭人少，力量薄弱，而且它所处的位置，三面受敌。南有元军，东有张士诚，西有陈友谅。好在北面是友军刘福通，为朱元璋挡住了元军主力。而南面的元军，也由于南北交通被起义军截断，处于孤立无援的境地，无力对朱元璋发动进攻。朱元璋利用了这一有利时机，果断地采取巩固东西线，向南面和东南面出击的战略，集中兵力进攻元军据点，扩大地盘。镇江是应天府门户，朱元璋占领应天府的当月，就派徐达攻下了镇江，之后又派邓愈攻下广德，消

徐达

徐达（1332年—1385年），濠州（今安徽凤阳）人，明朝开国将领。他与朱元璋自幼相识，至正十三年（1353），朱元璋奉郭子兴命回乡募兵，徐达应召，从此戎马一生，建立显赫功勋。

除了对应天府的直接威胁。之后又相继占领长兴、常州、宁国、江阴、常熟、扬州等地。朱元璋亲自率兵攻取宁国时，逼降元朝名将朱亮祖，得将士十余万。

朱元璋攻下常熟之后，开始转向进攻浙东地区。先是攻克了皖南地区的徽州、池州，然后从皖南进军浙东，攻陷建德、婺州，改婺州为金华府，置浙东行省。经过两年的时间，朱元璋占领了江浙省西部的大部分元军占领区，以应天府为中心营建了一个巩固的地盘，兵壮粮多，足可以同其他势力相匹敌了。

朱元璋在攻占徽州后，亲自拜访了老儒朱升，咨询夺取天下之计。朱升提出"高筑墙，广积粮，缓称王"的策略，意思是要加强武备，拱卫金陵；发展生产，储备粮草；缩小目标，不图虚名。朱元璋采纳了朱升的建议，集中力量从事以应天府为中心的根据地建设。在起义初期，粮饷主要靠强征所谓"寨粮"，难免引发民众怨言。为了解决这个隐患，朱元璋双管齐下，一方面兴修水利协助百姓扩大生产，一方面实行军队屯田。不出几年工夫，军屯兴旺，军粮充足。另外，作为斗争策略，朱元璋在形式上保持与刘福通的大宋政权的隶属关系，遥尊小明王为帝，打着宋政权的旗号作掩护，

示不惹庵僧

杀尽江南百万兵，
腰间宝剑血犹腥。
山僧不识英雄汉，
只凭晓晓问姓名。
——朱元璋

以免成为众矢之的。直到他改称吴王，仍以"皇帝圣旨，吴王令旨"发布文告，表明自己不过是小明王的附属势力。这一策略对朱元璋势力的生存和壮大，起到了很大的作用。

灭陈友谅

至正二十年（1360年），传奇军师刘基被朱元璋请至应天，成为朱元璋的首席谋士。刘基分析当时的形势说："张士诚安于自守，不足为虑。陈友谅劫主胁下，名号不正，地据上游，虎视眈眈，应该先平定陈友谅。陈氏灭，张氏唾手可取。然后北定中原，王业可成。"朱元璋采纳了刘基的方案，决定首先应付最危险的对手陈友谅。

明洪武·釉里红开光人物故事图瓶

釉里红瓷器是以铜红釉在胎上绘画，施透明釉后，在高温下一次烧成的釉下彩瓷。这种瓷器对烧制温度要求严格，所以元代时大多数釉里红瓷器偏黑灰，红艳欲滴者很少。直到明洪武年间，烧制技术才真正成熟。现藏于上海博物馆。

陈友谅（1320年—1363年），湖北沔阳渔家之子，为人剽悍。至正十五年（1355年）正月，红巾军天完政权徐寿辉的丞相倪文俊攻取沔阳，陈友谅投奔倪文俊，屡立战功，很快升至元帅。两年后，倪文俊谋害徐寿辉，事情败露，投奔陈友谅，陈友谅乘机杀了倪文俊，吞并其军队，并挟持了徐寿辉，控制了天完政权。紧接着，陈友谅攻占了湖北、江西、安徽西部，向朱元璋占领区进军。至正二十年（1360年）五月，陈友谅攻占了朱元璋的军事重镇太平，驻大军于采石矶。陈友谅眼看占领应天指日可待，就派人击杀了徐寿辉，在一个雷电交加的夜晚，以采石五通庙为行殿，即皇帝位，国号汉，改元大义。

朱元璋与朱升铜像
朱升（1299年—1370年），字允升，今安徽休宁县陈霞乡回溪村人，元末明初的军事家、文学家，明代开国谋臣。

陈友谅称帝后派人联系张士诚夹击朱元璋。强敌压境，应天震恐，文臣武将纷纷主张或降或逃。唯有刘基主战，他建议朱元璋诱敌深入，以伏兵击之。朱元璋担心张士诚与陈友谅左右夹击，于是命令陈友谅的老朋友康茂才诈降，写信给陈友谅，邀他速来。陈友谅果然中计，率水军到达江东桥。朱元璋伏兵出击，陈友谅大败，损失战舰数百艘，驾小船逃走。地面汉军又被埋伏的张德胜、冯国胜击败。陈友谅放弃太平，逃入江州。朱元璋乘胜攻下安庆，第二年又攻下陈友谅的老根据地江州等数个州郡，陈友谅眼看自己地盘一天天缩小，便紧锣密鼓地谋划收复失地。

至正二十三年（1363年），朱元璋领兵解救安丰小明王的红巾军。陈友谅趁机发兵60万，楼船数百艘，倾国而出，欲一举消灭朱元璋。陈友谅连拔三城，兵围洪都。朱元璋的堂侄朱文正与

明孝陵神道上的石像生
孝陵石像生是明代陵寝中规模最大、最具特色的。站象一对、卧象一对均以整块石料雕成，不刻意追求形似，而注重神似，风格粗犷，气度非凡。

元帅"黑赵岁"赵德胜、参政邓愈率洪都军民死守待援，奇迹般地坚持了近三个月。七月，朱元璋与徐达等人率军20万赶到。陈友谅撤洪都围军，乘楼船进入鄱阳湖，与朱元璋船队遭遇。鄱阳湖大战开始。朱元璋用火攻烧毁了陈友谅楼船，其弟陈友仁等都被烧死。在激战数日之后，陈友谅的左右金吾将军率部投降了朱元璋。陈友谅大势已去，想要冲出湖口突围。朱元璋已预先扼住湖口，截其退路。双方又大战于泾江口，陈友谅被飞矢射中，贯穿头颅，当即死去。其子陈理率残兵败将逃回武昌称帝。次年二月，朱元璋兵围武昌，陈理出降，大汉亡。朱元璋设立湖广行中书省，分兵略鄂、赣及广东诸郡，尽并陈友谅之地。

平张士诚

朱元璋灭了陈友谅之后，实力大增，把矛头转向张士诚。元末割据势力之中，张士诚最富，全盛时期，南抵绍兴，北越徐州，地方两千里，带甲数十万。陈友谅曾邀请张士诚夹击朱元璋，但张士诚胸无大志，只想保住自己的那块地方，竟按兵不动。

至正二十四年（1364年），朱元璋称吴王。次年，朱元璋发布文告，讨伐张士诚。接着派徐达总兵出征，采取"先取江北，剪其肘翼，再取浙西"的策略，先后攻占了通州、盐城、高邮、淮安、徐州等江北诸郡，切断了张士诚与元朝的联系，绝其降元的阴谋。

至正二十六年（1366年）五月，

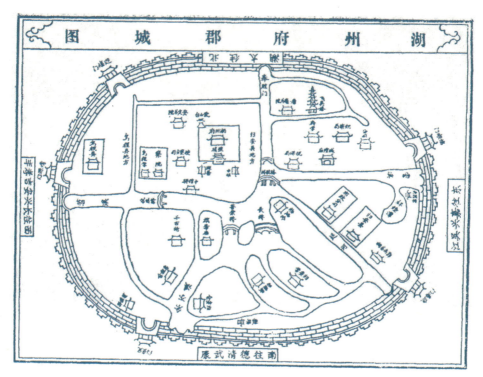

明时湖州城区地图

朱元璋发布《平周檄》，历数张士诚降元叛元等八大罪状，劝其部下勿负隅顽抗，号召百姓安业不动。八月，朱元璋即以徐达为大将军，常遇春为副将军，率众20万讨伐张士诚。先后攻下了湖州、嘉兴、杭州、绍兴等外围城镇，平江（今苏州）成为孤城一座，徐达军队筑墙围城，并造有三层的木塔楼，高过城墙，以弓弩、火铳向城内射击，还设炮日夜轰击。城内一片恐慌，张士诚几次突围都以失败告终，只得困守孤城，坚持了十个月后，城破自缢，大周政权灭亡。

至正二十六年（1366年），朱元璋在围攻张士诚的同时，派大将廖永忠迎接小明王到应天，途中渡江时，小明王覆舟沉江死，龙凤政权灭亡。至正二十七年（1367年），朱元璋以汤和为征南将军、吴祯为副将军，讨平方国珍；同时命胡廷瑞为征南将军，何文辉为副将军，进攻福建陈友定。两路大军势如破竹，方国珍、陈友定先后降服。至此，除四川明夏和广东何真两个小割据势力以外，南方大片土地全在朱元璋的掌握之中。朱元璋已经有了足够的军力、财力北伐中原，一统天下。

出土于张士诚父母合葬墓的团花银奁

明·象牙琵琶

琵琶是东亚传统弹拨乐器,已有两千多年的历史,在中国最早出现于秦朝。唐代是琵琶发展的高峰,涌出了大量的琵琶演奏者和乐曲。清初出现了南北两派。此琵琶用象牙装修,上刻儒释道三家故事内容,奢华大气。现藏于美国纽约大都会艺术博物馆。

1368年

明太祖初壹海内，仍元制，设中书省，综理机务。其官有丞相、平章、左右丞、参政，而吏、户、礼、兵、刑、工六尚书为曹官。行之一纪，革中书省，归其政于六部，遂设四辅官。

——《明史》

应天府称帝

一朝为帝，睥睨群臣。青少年时代孤苦流浪的日子深深地烙印着执政风格。他是最勤劳的皇帝，也是最节俭的皇帝。他要让农民有饭吃，有衣穿。为了肃清贪蠹，不惜发动农民"造反"，将不法官吏押送京师。

时间
1368年

地点
应天府（南京）

政体
三省六部制

货币
通宝、宝钞

主要宗教
道教、佛教

选官制度
科举制

军事制度
卫所制

洪武元年（1368年）正月初四，历经艰难困苦，朱元璋终于开天辟地，于应天府称帝，国号大明，年号洪武。以太牢祀先师孔子于国学，诏衣冠如唐制，禁胡服、胡语、胡姓名。

洪武二年（1369年），朱元璋于鸡鸣山立功臣庙，列功勋卓著的开国武将于庙中。正殿供奉的是六位国公级功臣，依次是：徐达、常遇春、李文忠、邓愈、汤和、沐英；西殿供奉的依次是：胡大海、赵德胜、华高、俞通海、吴良、曹良臣、吴复、孙兴祖；东殿供奉的依次是：冯国用、耿再成、丁德兴、张德胜、吴桢、康茂才、茅成，共二十一人。死者塑像，生者虚位。又以战殁者七人配享太庙。

明太祖衮龙袍像
在位三十一年，因年号洪武也俗称朱洪武或洪武帝。洪武之后的皇帝皆实行一世一元制，只用一个年号。即位后在减轻农民负担，恢复社会的经济生产的同时，也注重改革元朝留下的糟糕吏治，惩治贪污的官吏，社会经济得到恢复和发展，史称"洪武之治"。

阅江楼
朱元璋称帝后,下诏在南京狮子山顶修建阅江楼,并亲自撰写《阅江楼记》。楼高52米,具有典型的明代皇家建筑风格。

即位之后,朱元璋先后封诸将为公侯伯爵位。李善长功劳最大,被封为韩国公。接下来依次列封:魏国公徐达、鄂国公常遇春、曹国公李文忠、宋国公冯国胜、卫国公邓愈。而后又追封三位战死武将:胡大海为越国公、丁德兴为济国公、冯国用为郢国公,之后又封汤和为信国公。他还仿效汉唐做法,制作丹书铁券赐予有功之臣。

朱元璋极度勤政,从登基到去世,几乎没有休息过一天。他的节俭更是登峰造极。当了皇帝后,他每天早饭"只用蔬菜,外加一道豆腐",他的床"与中人之家卧榻无异"。朱元璋还命人在宫中开荒种菜。洪武三年(1370年)正月,朱元璋向大臣展示了他的一张用小片丝绸拼接缝成的床单。他自己艰苦朴素,他给官员定下的俸禄也不高。他严厉打击贪官污吏,贪赃满六十两者,一律处死。朱元璋还严禁官吏下乡扰民,允许乡民捉拿贪官污吏绑送京师。

朱元璋登基后实行休养生息,发展生产的政策。下令农民归耕,又大搞移民,开荒屯田。通令全国,地主不得蓄养奴婢,所养的奴婢一律释放为良民。凡因饥饿而典卖为奴者,由朝廷代为赎身。明令各州府县只能有一个大寺院,禁止寺院蓄养童僧,严格控制青年男女出家。朱元璋非常关心穷苦人的疾苦,他设立免费养老院(养济院)、免费医院(惠民药局)和免费公墓(漏泽园)。他还曾于郊外修筑公房,安排无家可归者居住。

1367年—1396年

民稍安,食稍足,兵稍精,控弦执矢,目视我中原之民,久无所主,深用疚心。予恭承天命,罔敢自安,方欲遣兵北逐胡虏,拯生民于涂炭,复汉官之威仪。

——《明实录·谕中原檄》

北伐中原

历史上,南方政权北伐之战,少有胜算。平定江南之后,朱元璋毅然决定北伐中原。这是大明和元朝的命运对决,这一次历史选择了生机勃勃的朱元璋。

时间
1367年—1396年

地点
中原、塞外

参战方
明朝、北元

双方主要指挥官
明:朱元璋、常遇春、蓝玉
北元:元惠宗、王保保

历史疑案
传国玉玺之谜

逸事典故
天下奇男子

常遇春
常遇春(1330年—1369年),字伯仁,号燕衡,明朝开国军事大将。英勇善战,善射,统军有方。本封鄂国公,追封开平王,谥忠武。

顺帝出逃

朱元璋消灭陈友谅、张士诚之后,并没有陶醉于眼前的胜利,修整未及一个月,即于至正二十七年(1367)十月甲子日命中书右丞相徐达为征虏大将军、平章常遇春为副将军,率师25万,进军中原。关于北伐的军事战略,常遇春主张以百万之师直捣元都。朱元璋否决了这个轻敌冒进的方案,认为元朝建都百年,城守必固,不宜孤军深入。朱元璋提出步步为营的战略:先取山东,撤除元朝的屏障;再取河南,斩断其羽翼;攻占潼关,据其门户;再进军元都,不战而取之;然后再大军西进。诸将称善,就根据这个战略开始了平定中原的战争。

为了取得北方人民的支持,朱元璋命令北伐军发布《谕中原檄》,提出"驱逐胡虏,恢复中华"的口号,争取北方汉人的支持。又对蒙古人和色目人宣称,愿意臣服者视同

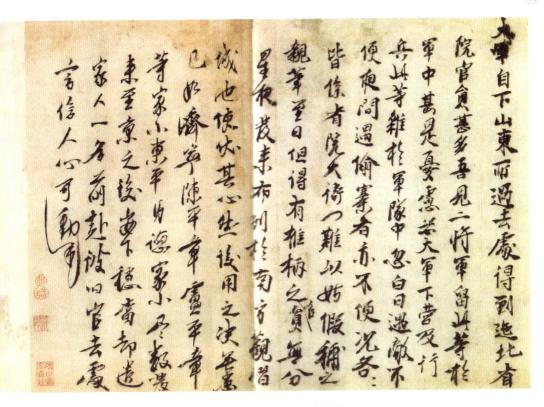

大军帖

这是朱元璋写给部将的一封信，因行文开头的"大军"二字得名。从内容来看，朱元璋军队此时已消灭陈友谅、张士诚等势力，正全力攻打北方元军，并收降了许多元朝官员，朱元璋就如何妥善处置告喻部下。现藏于北京故宫博物院。

汉人，解除了普通蒙古人和色目人的疑惧心理，减少了进军阻力。由于朱元璋军纪严明，战略得当，以及北伐檄文的攻心作用，北伐行动进展顺利，三个月内就平定了山东，接着由水、陆两路进军河南。北伐军捷报频传，很快平定了河南，占据了潼关，扼住了三秦门户，阻断了川陇李思齐元军和元朝政府的联系。朱元璋亲临汴梁前线督战，听取汇报，部署下一步行动。朱元璋命冯国胜据守汴梁、何文辉守洛阳、康茂才守潼关，徐达等人率军挺进河北。徐达的军队摧枯拉朽，以横扫千军之势向大都（今北京）推进。洪武元年（1368年）八月，北伐军到达通州，直逼大都城，元顺帝慌了手脚，弃城而走，逃往上都（今内蒙古锡林郭勒盟）。次年六月，常遇春攻克了上都，元顺帝再次弃城而逃，逃到应昌（今内蒙古赤峰）。

大战王保保

北伐军进军过程中遇到的最大对手是扩廓帖木儿。扩廓帖木儿，汉名王保保，元末名将察罕帖木儿的养子。朱元璋在河南坐镇指挥北伐时，曾祭祀察罕帖木儿的坟墓，借以感化招降王保保,但没能成功。王保保平定中原之后,元顺帝听信谗言解除了他的官职。当北伐军进攻河南时,元顺帝急忙任命王保保为兵马大元帅,命他出兵勤王,但为时已晚。王保保移师冀宁(今山西太原)。两天后,明军占领大都,改名北平,元朝在中原的统治宣告结束。元顺帝逃往上都,王保保开始担当起复兴元朝的重任。

洪武元年(1368年)十月,王保保派军南下袭击汤和的部队,大战于韩店,明军惨败。捷报传至上都,元顺帝大喜,封王保保为齐王,令其收复大都。王保保集合主力,向北平进发。此时徐达军队在冀中一带,认为王保保倾巢而出,冀宁必定空虚,应当就近"围魏救赵",直取冀宁。洪武元年(1368年)十二月,王保保知道明军动向后果然慌忙回救冀宁,途中被明军夜袭,只率十八骑亲兵逃走。

明·青铜魁星像
魁星原为古代二十八星宿之一奎星的俗称,变称"斗魁",后被道教尊为主宰文运的神,宋后成为文人于文昌帝君之外崇信最甚的神。

续海藏楼杂诗 其二

天下奇男子,惟有王保保。
平生惜此人,豪杰尽推倒。
谁能厉忠义,抗节誓不挠。
万人苟一心,群孽岂难扫。
丈夫纵失败,善死固有道。
首鼠深可憎,窜兔讵为狡?

——清·郑孝胥

王保保先逃到大同,而后直奔甘肃。此后一年,王保保滞留西北,与明军屡屡交战。洪武二年(1369年),王保保接元顺帝逃亡应昌后,又带兵包围了明将张温据守的兰州,且全歼了明朝援军。朱元璋不得不再次派兵分两路救援兰州。王保保久攻兰州不下,于是移师安定(今甘肃定西),徐达率军到达安定后,与王保保隔深沟而垒,数次交战。徐达命人夜间骚扰王保保军营,使之不得休息。数日后趁其昏睡击之,元军大败。王保保仅与其妻子数人逃脱,过黄河,出宁夏,奔和林(今蒙古国哈拉和林)。与此同时,元顺帝驾崩于应昌,明将李文忠趁机发起进攻,北元太子爱猷识理达腊仅以数十骑北逃，与王保保在和林会合后即位，是为元昭宗。

朱元璋将王保保视为心腹大患，决定捉拿，永清沙漠。洪武五年（1372年），朱元璋第二次北伐，15万明军三路并进。王保保命手下大将贺宗哲率领主力在和林以逸待劳，自己率领小部队诱敌深入。王保保在图拉河遭遇中路军徐达前锋蓝玉，王保保亲自率领小部队且战且退，把明军引向和林。最后王保保与贺宗哲会合，成功伏击明军，明军战死数万人。东路军李文忠起初比较顺利，但在进至阿鲁浑河（今蒙古国鄂尔浑河）一带时被元军包围，战斗激烈，双方损失惨重。只有冯国胜的西路明军在甘肃境内取得多场胜利。

明·洪武通宝
洪武元年（1368年）由南京工部宝源局及各省宝泉局铸行。钱文真书，直读，背为牧童骑牛吹笛图。分为五等，规定小平钱，每文重一钱，折二钱重二钱，当三钱重三钱，当五钱重五钱，当十钱重一两。与"大明宝钞"并用。

王保保这次辉煌的胜利挫败了明军锐气，保住了北元的命脉。此役对明军造成很大的阴影，几年没有出塞作战。王保保也回天无力，难以对明朝发动全面攻击，史书只记载他大约在1375年前后死于哈剌那海衙庭（今蒙古国科布多）。王保保死后，朱元璋又六次出兵塞外，打击北元残余势力。

天下奇男子王保保

王保保（扩廓帖木儿，？—1375年），多次击败明军，名震中原，当时如果有人做了点小事就自夸，人们就会讥笑："曾拿西边王保保来也！"这话成为明人的一句谚语。明太祖朱元璋论天下英雄人物说："天下奇男子谁也？"诸将都说："常遇春将不过万人，横行无敌，真奇男子。"明太祖笑曰："遇春虽人杰，吾得而臣之。吾不能臣王保保，其人奇男了也。"据记载，朱元璋有三件憾事，一是没得到传国玉玺，做了一辈子"黑户"天子；二是没有活捉王保保；三是元太子（爱猷识理达腊）无消息。可见王保保在朱元璋心中的重要地位。

> **明初**
>
> 初，帝欲封玉梁国公，以过改为凉，仍镌其过于券。玉犹不悛，侍宴语傲慢。……玉不乐居宋、颍两公下，曰："我不堪太师耶！"比奏事多不听，益怏怏。
>
> ——《明史》

封诸王，戮功臣

打天下时，度量大，看得远；得到天下后，大封诸王；天下已定，"狡兔死，走狗烹"。当这些建议都被朱元璋采纳时，李善长自己的命运冥冥之中已经被决定了。

分封缘由
防止主弱臣强，故封藩王拱卫皇室

杀戮理由
巩固皇权，威慑功臣

管理机构
宗人府

主要案件
胡惟庸案、蓝玉案

历史文件
《昭示奸党录》《逆臣录》

后果
"元功宿将，相继尽矣"；朱棣成为最大受益者

逸事典故
悍妇之肉、畏法度者最快乐

大封藩王

朱元璋称帝后，开始考虑分封藩王的事。朱元璋认为，天下之大，应该分封藩王，既可以保卫国家，又可以治理百姓。洪武三年（1370年）四月，朱元璋封了秦、晋、燕、吴、楚等十个藩王。这些藩王，不但待遇优厚，而且军政权力极大。八年后，秦王就藩西安，晋王就藩太原，两年后燕王朱棣就藩北平。之后几年，其他诸王也陆续就藩，据守在各个军事要地。作为边防屏障，从辽东到西域的漫长防线上，分列九个藩王，号称"九塞王"。他们动辄"带甲八万，革车六千"，在边塞筑城屯田，训练将兵，巡视要塞，督造军器。其中燕王朱棣多次出塞征战，扫荡北元，威望最高，军中大将皆受其节制。

这些藩王地位仅次于天子，连公侯大臣也要对他们跪拜行礼，形成了半独立政

明·海水江崖抱鼓石
抱鼓石是传统民居入口处圆鼓形石制构件。海水江崖纹是一种传统纹样，寓意福山寿海，有一统江山的含义。

胜棋楼

这座楼位于今南京莫愁湖边,始建于明洪武年间,相传朱元璋曾与大将徐达在这里弈棋。

权。在刚进行分封时,山西平遥训导叶伯巨就曾上书直陈其害,"裂土分封,使诸王各有封地",恐怕数世之后,尾大不掉,重现西汉"七王之乱"的悲剧。忠言逆耳,朱元璋不但不听劝,反而大怒,说:"这是离间我骨肉,快点儿抓来,我要亲手射死他。"于是,叶伯巨被抓来瘐死狱中。

朱元璋分封藩王的目的,除了抵御北元势力之外,主要还是害怕开国武将谋反,希望关键时刻藩王能保卫皇室。在朱元璋眼里,外人没有一个靠得住,他们虎视眈眈伺机而动,而朱家皇子们个个贤良,不会干出争权夺位的事。也许自己的儿子也靠不住,但他觉得开国功臣们更不可靠。两害相权取其轻。为了防止大臣擅权,朱元璋规定藩王有"清君侧,靖国难"的权力,必要时可以发兵进京消灭奸臣。可见,朱元璋对开国功臣是放心不下的,封藩王之后,他就开始亲手处理那些功臣宿将。

除灭功臣

在朱元璋看来,谋反之心,人皆有之。早在反元斗争初期,朱元璋就严防部下叛变,规定凡将领出兵,必须留下妻子、儿女做人质。这样还不放心,又派心腹去做监军,凡得城池,必用义子或心腹与将领同守。之后，朱元璋又经历了邵荣、赵继祖以及谢再兴的叛变，让他变得更加猜忌。随着群雄束手，北元远遁，明朝统治集团的内部矛盾越来越突出，不但朱元璋对开国功臣们看着不顺眼，官僚集团之间也拉帮结派，互相倾轧。武将和文臣、浙东集团和淮西集团之间都有矛盾。官员之间互相攻击，正好被朱元璋利用，借机把他们一个个除掉。

杨宪（1321年—1370年），字希武，太原阳曲（今山西太原）人，是浙东集团（以刘基为首）成员，朱元璋攻占金陵时前来投靠，曾出使张士诚、方国珍，因办事干练，成为朱元璋心腹。杨宪是朱元璋的检校组织的首领，负责收集情报上报朱元璋。明朝建立后，朱元璋把他安插在中书省，担任中书左丞。杨宪整日与淮西集团的李善长、胡惟庸明争暗斗，多次进言说李善长无大才，不堪为相。李善长也乘机弹劾杨宪放肆为奸，不出一个月，朱元璋就把杨宪杀了。

杨宪被诛后，李善长推荐同乡兼姻亲胡惟庸任丞相。胡惟庸做丞相后，不断扶植党羽，打击异己。洪武十三年（1380年），朱元璋以谋反罪杀了胡惟庸。同时追索其余党，受株连至死或已

锦衣卫指挥使象牙圆牌
锦衣卫前身为明太祖朱元璋设立的"拱卫司"，是军政搜集情报机构。现藏于首都博物馆。

死而被追夺爵位的开国功臣有李善长、赵庸、郑遇春、朱亮祖等一公二十一侯，牵连致死者三万余人。杀胡惟庸后，朱元璋遂罢丞相，永不再置。随后，朱元璋创立锦衣卫，授以侦察、缉捕、审判、处罚罪犯的大权，开明朝厂卫特务统治之风。

洪武二十六年（1393年），朱元璋又开蓝玉案。蓝玉（？—1393年），定远（今属安徽定远县）人，是常遇春的内弟，有勇有谋，徐达、常遇春死后，蓝玉多次带兵，屡立战功。蓝玉率军北伐，在捕鱼儿海摧毁元廷，被封为凉国公。但他功高震主，骄纵傲慢，引起朱元璋的猜忌。蓝玉是太子妃舅父，曾提醒太子朱标提防朱棣而与燕王交恶，燕王伺机在太祖面前挑唆。洪武二十六年（1393年），蓝玉被告发谋反而下狱，并株连蔓引，自公侯伯以至文武官员多受牵连，被杀者近两万人。

解决胡蓝两大案之后，朱元璋又办了朱亮祖、胡美、周德兴、王弼、谢成、傅友德、冯国胜、李文忠等案。徐达是朱元璋的亲密战友，也被赐膳致死。至此，明朝开国功臣已经所剩无几。

西安明代城墙一角

墙位于陕西省西安市中心区,高18米,周长13.7千米,于明太祖洪武三年(1370年)开始建造,洪武十一年(1378年)完工,历时近9年。后来,明太祖朱元璋将次子朱樉册封为秦王,秦王府治就在城中。

1311年—1375年

帝尝手书问天象。基条答甚悉而焚其草。大要言霜雪之后，必有阳春，今国威已立，宜少济以宽大。基佐定天下，料事如神。性刚嫉恶，与物多忤。至是还隐山中，惟饮酒弈棋，口不言功。

——《明史》

传奇军师刘基

几百年来，江湖上一直流传着他的传说，前知五百年，后知五百年，神一般的存在。神机妙算、运筹帷幄之能堪胜三国诸葛亮，如果没有这位传奇军师，历史也许会是另外一番模样。

职业
军事家、政治家、天文学家、文学家

主要成就
为朱元璋谋划统一和治理天下的大政方针

代表作品
《诚意伯文集》

爵位
诚意伯，追赠太师

逸事典故
楚人养狙、故宫9999间半、《烧饼歌》

刘伯温
刘基（1311年—1375年），字伯温，青田县南田乡（今属浙江省文成县）人。通经史、晓天文、精兵法，辅佐朱元璋完成帝业、开创明朝并尽力保持国家的安定，因而驰名天下。

浙东名士

刘基（1311年—1375年），字伯温，出生于浙江青田。从小聪颖过人，14岁读《春秋》，17岁习宋学。他经史子集、天文兵法无所不窥，而"尤精象纬之学"。元统元年（1333年），23岁的刘基就考中了进士，初露锋芒，很多名士对他很器重，认为他是诸葛亮、魏徵之类的大才。

至元二年（1336年），刘基被任命为江西高安县丞，他廉洁刚正，多次得罪权贵，加上他出身"南人"，在元朝官场上处处受到排挤和打击。29岁时，刘基因改判一起人命冤狱，得罪了台臣，被调为职官掾史。第二年，又因与幕府官僚发生争论而被迫辞职，不久又补升江浙儒学副提举、行省考试官，接着又因上书弹劾御史失职数事，被御史大臣阻挠，刘基激愤之下再次辞职。

当时方国珍作乱为海盗，抢掠海边郡县，官府不能制止。行省又请刘基出任元帅府都事，刘基建议修筑庆元等城逼迫海盗，方国珍气焰立消。后来朝廷招降方国珍，刘基又进言诛杀方氏兄弟，以儆效尤。方国珍贿赂刘基不成，连忙派人到京城贿赂朝廷。于是朝廷安抚方国珍，授予官职，并以擅权罪关押了刘基。方国珍受招安后变本加厉，山寇盗贼也趁机四起，省里只得再请刘基剿匪。刘基扑灭山匪后再次弃官回乡，作《郁离子》抒发心志。为避匪乱，附近乡人争相归依刘基，刘基稍作部署，盗寇就不敢来犯。

怀才不遇、落魄而归的刘基，开始冷静下来，考虑自己今后的出路：距他最近的割据力量方国珍，不过是个海盗；姑苏张士诚，胸无大志，亦为他所不齿。在刘基看来，元末群雄中，能成大业的只朱元璋一人而已。

至正十六年（1356年），朱元璋攻下集庆路，刘基已察觉朱元璋的王者之气，他指着天象对身边的人说"这难道是人力所能吗？"但是，朱元璋毕竟是"贼"。刘基在先前的一些诗歌里，曾斥"江

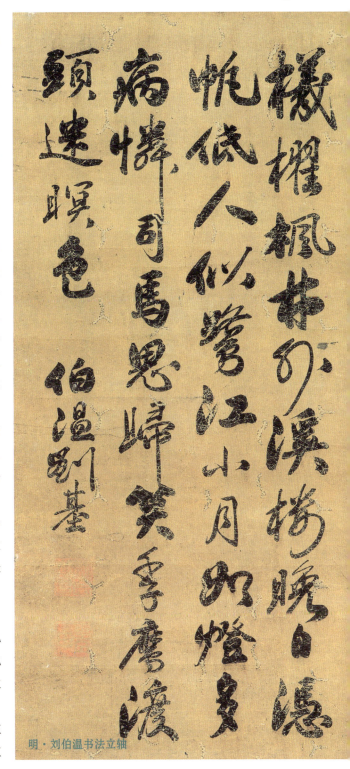

明·刘伯温书法立轴

明·陈洪绶·刘伯温授经图

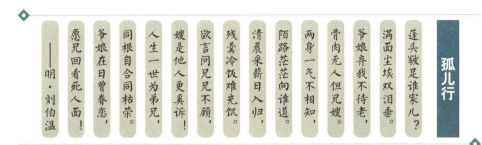

孤儿行

蓬头鞍靴是谁家儿？
满面尘埃双泪垂。
爷娘弃我不待老，
骨肉分无人但兄嫂。
两身一气不相知，
陌路茫茫向谁道。
清晨采薪日入归，
残羹冷饭难充饥。
欲言问兄兄不顾，
嫂是他人更莫诉！
人生一世为弟兄，
同根自合同枯荣。
爷娘在日曾眷恋，
愿兄回看死人面！

——明·刘伯温

淮""淮甸"（朱元璋活动地区）的义军为"盗贼"。饱尝仕途坎坷的刘基只能静观时变。当时有人劝刘基说："足下才气无双，应当聚众起事，成就勾践之业。"刘基大笑说："那也不过是又一方国珍而已。天命有常，且等着瞧吧！"

助明开国

至正十八年（1358年），朱元璋下婺州（今浙江金华），定括苍。翌年，置中书浙东行省。朱元璋早就仰慕刘基的学识才智，派处州总制孙炎邀他出山，刘基犹豫未有所决，孙炎便写了一封几千字的长信，详述利害。陶安和宋濂也来信相劝，母亲也劝他出山。于是，刘基不再犹豫，带着天赋和雄心离开青田到达应天，时年50岁。刘基一见朱元璋就陈述"时务十八策"。朱元璋茅塞顿开，专门建造礼贤馆给刘基等人居住，礼遇有加。当时朱元璋尊韩林儿为小明王，众人向小明王行礼，唯独刘基不拜。刘基进见朱元璋，上陈天命所在，并分析利弊，提出先灭陈友谅再平张士诚的方案。恰逢陈友谅大军来犯，攻陷太平，危及应天府。诸将主张或逃或降，唯有刘基不说话。朱元璋把刘基拉进内室询问计策。刘基认为陈友谅新弑旧主，地位未稳，急于求成，可以诱敌深入，以伏兵破之。朱元璋用其计，诱使陈友谅军队到来，果然大败陈友谅。不久陈友谅又攻陷安庆，朱元璋决定亲

帝师牌坊

刘基庙，旧称诚意伯祠，位于浙江文成县南田镇新宅村。明天顺二年（1458年）英宗敕建，天顺三年（1459年）建成，除帝师牌坊外，还有一座王佐牌坊，分立在庙门外两侧。

刘文成公祠
刘文成公祠位于浙江青田石门洞景区内。石门洞1963年被定为重点文物保护单位，这里曾经是刘伯温长期修学、修身、修养、休整的重要场所。

自带兵收复安庆，围攻不下。于是刘基建议朱元璋攻打陈友谅的老巢江州，江州很快投降。在刘基的谋划下，朱元璋很快攻下了江西诸郡。

刘基趁战事稍歇时请求回家葬母。恰逢浙东苗军反叛，杀死胡大海、耿再成。刘基助守将安抚各属县，谋划收复了处州，平定了浙东局势。方国珍素来畏惧刘基，写信问候。刘基在回信中宣示朱元璋的威德，于是方国珍入贡朱元璋。其间朱元璋多次写信询问刘基军国大事，刘基逐条详答，皆言中要害。朱元璋欲援助安丰红巾军。刘基阻止说："陈友谅窥伺我军，不可。"朱元璋不听。陈友谅得知消息，立刻大军围攻洪都，朱元璋后悔莫及。安丰解围后，朱元璋亲自带兵救援洪都，和陈友谅大战于鄱阳湖。朱元璋坐大船督战，刘基突然大声催促朱元璋换船。朱元璋连忙换到小船，尚未坐定，大船已被炸得粉碎。两军交战三日，胜负未决。刘基进言朱元璋派军队扼守湖口，等到"金木相犯"的日子再战，最后陈友谅战死国亡。朱元璋攻取张士诚，北伐中原，一统天下，大致都是遵照刘基的谋划。

治世能臣

明朝建立后，百废待兴，刘基殚精竭虑，呕心沥血，使国家走上正轨。有一年，太白金星出现在紫薇垣，群臣惴惴不安，恐有血光之灾。刘基发觉后，立即密言朱元璋下罪己诏，以回天意，人心乃定。遇上大旱，刘基就上请处理冤情，朱元璋即命刘基平反冤狱，刚批示完毕就大雨如注。刘基遂趁此时机要求立法定制，以制止滥杀，遂成《大明律》之蓝本。一日，朱元璋梦见一人头上有血，且满是泥土，就想杀一批犯人使之应验。刘基故意假析此梦说："头有血，众也；傅以土，得众且得土也，应在三日。"朱元璋为之停刑三日，不久传来海宁归顺的捷报。朱元璋大喜，把囚犯全交给刘基释放。

刘基任御史中丞时，中书省都事李彬贪赃犯法，左丞相李善长与他有旧，请求从宽。刘基不从，斩李彬求雨。李善长纠集淮西集团党羽交相谮毁刘基。当时发生大旱，太祖求广开言路，刘基趁机奏请朱元璋妥善安置死难兵士和归降者。朱元璋都按他的意见办妥，可十天过后仍不下雨，心中很恼火。当时刘基的妻子病丧，刘基就告请回家发丧。刘基临行前，上奏告诫朱元璋，凤阳不宜建都，王保保不可轻视。后来这两件事果真都被他说中了。

朱元璋因事欲撤职李善长，刘基劝阻说李善长是旧臣，善于调和众将。朱元璋欲拜刘基为相，刘基拒绝说自己并非相才。李善长被罢后，朱元璋想让与刘基交好的杨宪为相。刘基却极力谏言说杨宪气量不足，心浮气躁。朱元璋又问汪广洋如何，刘基说他还不如杨宪。朱元璋又问胡惟庸如何，刘基说，好比驾车，我担心他会把车辕都给毁掉。后来杨宪、汪广洋、胡惟庸为相都下场悲惨。

刘基性情刚毅，疾恶如仇，常常得罪人。刘基论胡惟庸不宜入相，遭其嫉恨。胡惟庸抓住机会联合党羽构陷刘基。虽未获罪，但被剥夺了爵禄。刘基上京城谢罪后生病，朱元璋就派锦衣卫护送他回乡，回乡一个月后就病逝了。

刘伯温墓墓碑

这座墓位于江苏苏州定园内，墓碑上刻有"大明诚意伯弘文馆学士御史中丞兼太史令刘基伯温之墓"。

明初

启尝赋诗，有所讽刺，帝嗛之未发。归家，以观改修郡治，启为作《上梁文》，帝怒，遂腰斩于市。

——《明史·高启传》

血腥文字狱

避席畏闻文字狱，著书只为稻粱谋。文化在为读书人带来明亮仕途的同时，也有着血腥残酷的牢狱之灾。在极制的皇权之下，叹成千上万的无辜生命如草芥般无力。

性质
迫害文人，排除异见

严酷时期
明、清

缘由
部分文人不愿和朱元璋合作，朱元璋对文人的猜忌心理，明朝实行高压统治

著名案件
高启案、朝鲜上表案、孟子案

明·玉墨床
墨床是专门用来放置墨锭的，作为文房中的小件物品，其赏玩意味更多于实际用处。这件明代玉墨床呈长方形，下有木质底座。白玉上以透雕法刻有龙、蝠和枝叶纹，玉质上乘，雕工精细。现藏于浙江平湖市博物馆。

明朝建立后，朱元璋广纳人才，但却仍有一部分文人因朱元璋出身贼寇而不愿与他合作。他们中的很多人被朱元璋杀头抄家。随着时间的推移，朱元璋对文人儒士的疑忌心理越来越大，很多人因为一两个字招致杀身之祸。

高启（1336年—1373年），字季迪，号青丘，明初十才子之一。他厌倦政治，拒绝朱元璋的委任，作诗"小犬隔墙空吠影，夜深宫禁有谁来"，招致朱元璋的猜忌。后来高启应苏州知府魏观的请求，写了一篇《郡治上梁文》，有"龙蟠虎踞"的字眼，终于让朱元璋忍无可忍，杀了魏观，把高启腰斩于市。

朱元璋曾被官府称作贼，"则"与"贼"读音相近。浙江府学教授林元亮作《谢增俸表》中有"作则垂宪"，被诛杀。北平府学训导赵伯宁作《长寿表》中有"垂子孙而作则"一句，同样被斩。杭州府学教授徐一夔作贺表，内有"光天之下，天生圣人"之句，朱元璋认为"光"是讽刺他剃光头，"圣"就是"僧"，下令诛杀。

蒲州张学正赞美朱元璋

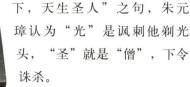

"天下有道""万寿无疆"。不料朱元璋把"道"读作"盗","无疆"认为是在咒他失去疆土,逮捕张学正押至京师亲自审问。张学正说:"陛下有旨:表文不许杜撰,务必出自经典。'天下有道'出自《论语》,'万寿无疆'出自《诗经》。"朱元璋让人核实后,只好把他放了。

僧人来复受朱元璋封赏之后,作诗谢恩有"金盘苏合来殊域"之句,"殊域"本指外国,而朱元璋把"殊"宁分拆成"歹朱",于是下令赐死。藩国朝鲜也未能幸免,朝鲜国王李成旦进表笺,有犯上字样。朱元璋当即下令退回贡品,命令朝鲜交出作者郑总,发配云南。朱元璋读《孟子》被其言论激怒,下令将孟子牌位撤出孔庙。

朱元璋的怪癖让文人们成了惊弓之鸟。诗人邓伯言入京应试,作诗:"鳌足立四极,钟山蟠一龙。"朱元璋当庭吟诵,高兴得猛拍桌子。邓伯言跪在台阶下,以为触怒皇帝,吓昏过去,被人扶出殿外才醒来。后来朱元璋让他做官,他却已经被吓破胆,找个理由回老家保命去了。

明·谢缙·东原草堂图
崇岩密林,草堂内高士对坐清话,小路上走来一长者,侍童携琴后随。该图主要取法王蒙,意境高远深邃,反映出明代文人居士喜好避世隐居的心理。

> 燕军屡败。诸将议旅师，能独按剑曰："汉高十战九败，终有天下。今举事连得胜。小挫辄归，更能北面事人耶！"成祖亦叱诸将曰："任公等所之！"诸将乃不敢言。
>
> ——《明史》

靖难之役

侄子贵为天子，叔叔臣为藩王。在应天府的侄子为了皇权的稳固想削藩，远在北平的叔叔贪着天子之尊欲易位。冲突不可避免地爆发了，密谋、佯疯、明杀、暗访……就像历史上无数次上演的骨肉相残一样，只不过这次，做叔叔的赢了。

时间
1399年8月—1402年7月

地点
中国华北、华东地区

交战双方
明军（南军）、燕军（靖难军）

参战兵力
明军：南军100万，伤亡50万
燕军：约30万，伤亡6万

主要人物
明：建文帝、耿炳文、李景隆
燕：朱棣、朱高炽、朱高煦

朱棣胜，登帝位

起兵北平

洪武二十五年（1392年）太子朱标病死，朱标次子朱允炆被立为皇太孙。朱允炆自幼聪明好学，特别孝顺"，但性格柔弱，做事优柔寡断。洪武三十一年（1398年），朱元璋病故，朱允炆即位，年号"建文"。朱允炆为皇太孙时，就已经感到众藩王仗着叔父辈分，对他不服。登基之后，就和翰林学士黄子澄、兵部尚书齐泰密议削藩。建文帝君臣首先削掉周、齐、湘、代、岷诸藩之后，决定处置实力最大的燕王。建文帝命令在北平附近部署重兵，准备袭燕，并以"防边"为名，将朱棣的军队调出北平城外，派张昺、谢贵、张信在北平城内监视朱棣的动静。

燕王朱棣见几位藩王先后被削，

建文帝
朱允炆（1377年—？），在位仅4年，在位期间增强文官在国政中的作用，宽刑省狱，严惩宦官，同时改变其祖父朱元璋的一些弊政，史称"建文新政"。靖难之役后下落不明。

明·绿釉龙纹滴水
出土于明孝陵内的东陵遗址，现藏明孝陵博物馆。滴水是古建筑屋檐上的部件，作用是防止雨水等侵蚀墙体。东陵是太子朱标的陵寝，他去世后祔葬孝陵东。

知道下一个就要轮到自己，于是一边争取时间一边准备应战。在僧人姚广孝的策划下，"练兵后院中"，"日夜铸军器"。姚广孝法名道衍，被明太祖派到燕王府里来任事，并博得了他的信任，曾多次进言燕王夺取帝位。为了迷惑朝廷，朱棣佯狂称疾，在闹市中抢来酒食吃，躺在泥沟里整天不动；三伏天围着火炉烤火，还念叨着"好冷"；在宫中拄着拐杖行走，俨然一个精神病人。朱棣演技虽高，却没骗过建文帝的耳目，燕王长史葛诚私下和张、谢二人说："大王没病，要出大事。"又密疏报于建文帝，但建文帝依然没有下定决心抓捕燕王朱棣，反而答应了朱棣的请求，放他的几个儿子回到北平。危急关头，负责监视朱棣的张信选择站在朱棣一边，将官军的部署泄露给了朱棣。朱棣先下手为强，设计诱杀了张昺、谢贵，控制了北平。

朱棣控制了北平之后，立即搬出《皇明祖训》的条款，宣布"清君侧"，指责皇帝受齐泰、黄子澄等宵小之臣的诱惑。就在建文君臣手足无措之时，朱棣连卜通州、蓟州、居庸关，扫清了北平外围，建立了以北平为中心的靖难大本营。

大败耿、李

经过朱元璋的大肆杀戮，此时的建文帝身边已经无人可用，只好起用硕果仅存的开国老将长兴侯耿炳文，率军13万围剿燕王。建文元年（1399年）八月，明军至真定，遭到朱棣当头一棒，主力部队在滹沱河大败。耿炳文逃入真定城中，坚守不出。燕军攻城三日不克，朱棣知道耿炳文

姚广孝
姚广孝（1335年—1418年），法名道衍，字斯道，长州县（今江苏苏州）人。精通佛、道、儒、兵诸家之学，靖难之役的主要策划者。后被称为"黑衣宰相"。

明·铜错金银天鸡壶
天鸡壶是魏晋至唐初流行的一种饮器，亦称"鸡首壶"，因壶嘴呈鸡首状而得名。这件明代天鸡壶在青铜器上做金图案纹饰，即错金，青铜和黄金浑然一体，非常精美。

黄子澄
黄子澄（1350年—1402年），名湜，字子澄，江西分宜人。他是向建文帝建议削藩的主要人物之一，待朱棣夺得帝位后，遭到逮捕并被处死。

是久经沙场的老将，不善攻，却善守，便率军撤退。

收到耿炳文大败的消息后，建文帝听从黄子澄推荐，任用李景隆为大将军，取代耿炳文继续调兵围攻永平。李景隆是曹国公李文忠之子，早年以知兵著称，多次赴湖广、陕西等地训练军队，曾参与明军北伐，又掌管左军都督府，加太子太傅。但在朱棣眼里，李景隆像赵括一样只会纸上谈兵。朱棣听人汇报了李景隆的军事部署，大笑说，兵法有五忌，景隆都犯了，必败无疑。为了诱敌深入，朱棣撤去了卢沟桥的守军，令姚广孝协助朱高炽坚守北平，自己率军驰援被辽东军进攻的永平。这时围攻永平的江阴侯军队已经退守山海关。朱棣也不停歇，率军直趋大宁，挟持了宁王，夺取了蒙古骑兵"朵颜三卫"，回师北平。

李景隆听说朱棣去了大宁，心中大喜，就命令军队围攻北平。李景隆号令不严，指挥失当，几次攻城，皆被击退。明军都督瞿能率千余精骑，好不容易杀入张掖门，却因李景隆嫉妒贪功，后援不至，只得停止进攻，错失良机。燕军得到喘息，连夜往城墙上泼水，天冷结冰，明军无法攀城进攻。建文元年（1399年）十一月，朱棣回师至北平郊外，与城内军队内外夹击明军，李景隆见势不妙，率先奔逃，遁入德州。第二天，士兵听说主帅已跑，就丢弃武器和粮草，向南奔逃。

黄子澄向建文帝隐瞒了战败的消息，并嘱咐李景隆"隐其败，勿奏"。建文帝嘉奖了李景隆，让他天暖再战。建文二年（1400年）四月，李景隆会合了武定侯郭英等部兵将六十万众，以先锋平安率领精兵万骑为先锋，进抵白沟河。两军遭遇，战斗十分激烈。平安和都督瞿能屡败燕军，斩燕军右军主将陈亨。但明军指挥不统一，进攻和防守屡失良机。朱棣的坐骑受伤换了三次马，但作为主帅他非常英勇，不退反进。明军方面的李景隆、郭英却怕死不前。平安军虽英勇却被燕军猛将朱能拖住，明军虽然人数众多，却无大将冲锋陷阵。就在这时，西北风忽起，刮得明军睁不开眼，燕军"乘风纵火奋击"，斩首数万，溺死者十余万人。郭英和李景隆相继逃入德州。五月，朱棣进攻德州，李景隆、郭英再逃往济南，燕军尾随而至，围攻济南。都督盛庸和参政铁铉死守，燕军围攻三月不下，其间朱棣中计险丢性命，只好被迫还师北平。

相持山东

明军遭重创，已经不可能在短时期之内消灭朱棣，朱棣虽胜，却也不能扩大战果，战争进入相持阶段。此时，建文帝也认识到李景隆不堪大任，以盛庸代之为大将军，擢升铁铉为兵部尚书。建文二年（1400年）九月，盛庸率军对燕军进行第三次围剿。十月，明军前锋在沧州为燕军所败。盛庸与铁铉率明军主力于东昌（今山东聊城），严阵以待。燕军屡胜轻敌，进至东昌，看见明军，求胜心切，贸然进攻，结果被明军打得大败，朱棣被明军围住，朱棣最倚重的大将张玉战死，燕军精锐丧失殆尽，幸得朱能援军接应才冲出重围。明军取得开战以来的最大一次胜利。朱棣异常悲痛，他对诸将说："胜负乃兵家常事，不足为忧，只遗憾失去了张玉。在这艰难之际，如失肱股。"

建文三年（1401年）二月，朱棣第三次率军出击，和明军对决于夹河，盛庸虽然阵斩朱棣大将谭渊，然而骁将庄得等人也战死。战至酣热之际，奇迹再次来临，东北风大起，飞沙走石，明军帅旗折断，燕军乘机掩杀，明军大败，20万人退守德州。此时，河北、山西一带将领纷纷出击朱棣的根据地北平，为保北平，朱棣只好收兵回城。

至此，战争已经进行了两年，战场主要在河北、山东。朱棣此时的想法是以北平为根据地的持久战，占领战略要地济南，南北划疆而治，步步为营，再图南京。燕军虽屡战屡胜，但明军兵

李景隆

李景隆，生卒年不详，盱眙（今江苏盱眙）人，协助建文帝削藩，靖难之役时担任主帅，率朝廷军队征讨朱棣，结果兵败被夺职召回。燕军逼近南京时，他主动开金川门，致使应天失守。

多势盛，前仆后继，燕军所克城邑旋得旋失，不能巩固。燕军能始终据守的，不过北平、保定、永平三城而已。

直取南京

就在朱棣苦恼不已之时，发生了一件怪事。建文帝某日责罚了宫中一太监。这个太监怀恨在心，竟然逃到北平，把应天的虚实告诉了朱棣。朱棣大喜，放弃了持久战的初衷，确立了长驱直入的战略方针。

建文三年（1401年）正月，朱棣誓师南征，欲直捣应天。北平的燕军几乎倾巢而出，气势汹汹，进入山东。济南守将盛庸早有线报，万事俱备，只等燕军来犯。不料燕军绕过了防守严密的济南，一路向南挺进。燕军过了徐州，盛庸才明白朱棣的企图，连忙派平安率军南下追击。

四月，燕军和平安军大战于安徽省灵璧县的齐眉山。建文帝调来魏国公徐辉祖助阵。燕军惨败，损失大将王真、陈文、李斌、韩贵等人。当时正值梅雨季节，道路泥泞，疾疫并作，北方士兵很不习惯，多想北归。朱棣知道已无退路，竭力稳定军心。诸将无心再战，唯有亲信朱能用刘邦的故事激励大家："汉高祖十战九败，最后还是得到了天下。岂可灰心丧气！"燕军强打精神，与明军相持于肥河。就在这

徐辉祖
徐辉祖（约1368年—1407年），濠州（治今安徽凤阳）人，明代大将、中山王、魏国公徐达的长子。

决定历史走向的时刻，建文帝竟然釜底抽薪，听信谗言把徐辉祖的部队调回应天。徐辉祖去后，朱棣大松一口气，抓住时机袭击明军，于灵璧一战生擒平安、陈晖等37将。此时，明军大势已去。燕军紧接着攻克了战略要地扬州、高邮、南通、泰州等地，明军已毫无还手之力。

建文四年（1402年）六月，朱棣继续率军南下，一路披靡，直逼应天府。李景隆再一次出现在重要场合，打开金川门迎接燕军进入应天府，长达四年的靖难战争结束了。宫中起火，建文帝不知所终。朱棣进入南京，屠刀在手，开始了一场剥刮烹炸的饕餮盛宴。

建文帝下落成谜

一种观点认为，建文帝逃出南京城后出家做了和尚，在贵州省安顺市平坝县境内的高峰寺。还有一种流传很广的说法是建文帝从应天府逃出之后，为了避开朱棣的追捕，保全自身，辗转到达泉州，并从这里去了海外。明成祖继位之后，派郑和下西洋的目的就是寻找建文帝。

明长陵
这座陵墓是明成祖与徐皇后的合葬墓，作为明十三陵中的祖陵，是整个陵区中建筑规模最大的一座陵墓。

> 1421年

南北供亿之劳，军民俱困，四方向仰咸南京，斯亦吾之素心，君国子民宜从众志，凡中外文武郡臣咸尽忠秉节，佐辅嗣君，永宁我国生民，朕无憾矣。

——《明实录·仁宗实录》

迁都北京

明成祖迁都北京是影响大明国祚的大事，国家的心脏从富庶温暖的秦淮胜地迁移到了偏远萧萧的北平，明朝的性格和命运也发生了深刻的变化，究竟是利是弊，有两种截然相反的看法。

时间
1421年

决策者
朱棣

设计师
蒯富、蒯祥

设计原则
前朝后市，左祖右社

主要工程
修建皇宫、皇陵，疏通运河

影响
使北方的生产和人口迅速恢复；漕运的繁盛带动了运河沿线市镇的发展

自唐朝以后，江南经济实力就远超北方，位于长江下游的南京因其优越的地理位置，成为六个南方政权的首都。对疆域辽阔的大明来说，位于今天南京的应天府虽是经济中心，但离北方边境太远，不便于指挥作战。位于今北京的北平府作为明成祖龙兴之地，经营多年，是都城的不二之选。永乐元年（1403年），明成祖改北平府为顺天府，称为"行在"。之后，又修建北京皇宫，修建帝陵，下定决心要迁都北京。

改造北京是一个非常艰巨的任务，同时也给黎民百姓增加了沉重的负担。明成祖迁发民众充实北京，被强令迁入北京的有各地流民、江南富户和山西商人等。为保证北京物资供应，明成祖又下令疏通运河，打通南北漕运。皇帝派官员在南方地区的林区组织伐木，又派人在河北负责制造砖石，在全国各地征集了一支由工匠和士兵组成的几十万人的劳动大

明永乐·双凤菊花纹漆盒
这件漆盒历经近六百年，虽有开裂，仍是一件艺术珍品。它漆层厚，雕刻精细，构图完美，花纹枝叶细致逼真，不露棱角和刀刻痕迹。

军，其中包括被俘虏的七千余名越南工匠。

永乐十八年（1420年），北京皇宫和北京城建成。明成祖下诏次年一月起正式迁用新都，改应天府为南京，改顺天府为京师，以南京为留都。永乐十九年（1421年）初夏，刚迁都几个月，紫禁城的奉天、华盖、谨身三大殿突遭雷击，尽皆焚毁。朝野议论纷纷，人心不安。礼部主事萧仪认为，迁都之举弃绝了江南龙脉与太祖陵，触怒天意。成祖大怒，立即处死萧仪。

明成祖死后，长子朱高炽即位，是为仁宗。仁宗不喜欢北京，决定把国都迁回南京，得到了部分高级官员的支持。他废除了北京作为京师的地位，又改称"行在"。然而朱高炽在实施迁都行动之前一个月去世。宣德帝朱瞻基即位后，停止了迁都回南京的计划。

迁都北京，毁誉参半。永乐十八年（1420年）朱棣颁布的迁都诏更明确提出要"君主华夷"，迁都北京可以"控四夷，制天下"，既要统治中原和南方各族，也要控制北方诸夷。明成祖本人就曾以北京为基地五次远征漠北。同时，天子戍边的气势以及皇宫和先帝陵寝俱在前线的事实，使朝廷上下在面对危机时更有抵抗到底的决心。土木堡之变，京军覆灭之后，明朝坚决地组织了北京保卫战，而没有像西晋、北宋一样放弃北方。这是支持者认为迁都北京利大于弊的理由。

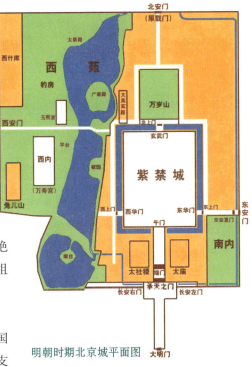

明朝时期北京城平面图

反对者则认为，江南之地不远万里往北京输送物资，财政压力巨大。且由于北京地位陡然提升，使防线向内收缩，反而破坏了明太祖北方边防的均衡配置。明末思想家黄宗羲认为，李自成围困北京时，崇祯皇帝想要南下，但无奈北京孤悬边境，消息隔绝，一时无法出京，即使出京也未必能到达南方，不得不身殉社稷，如果建都中原大概不会这样。两百多年间，京师险象环生，先后经历土木堡之变、武宗阳和之困、景泰初年京城被围、嘉靖二十八年（1549年）受围、嘉靖四十三年（1564年）胡人涌入、崇祯年间京城岁岁戒严。满朝君臣终日神经紧张，难得片刻安宁，无法安心治理国家，这是迁都北京的不利之处。

> 1402年—1424年

知人善任，表里洞达，雄武之略，同符高祖。六师屡出，漠北尘清。至其季年，威德遐被，四方宾服，受朝命入贡者殆三十国。幅陨之广，远迈汉唐。成功骏烈，卓乎盛矣。

——《明史》

永乐盛世

明成祖是中国历史上唯一亲征漠北的皇帝，他励精图治，使得社会安定、国力强盛、疆域辽阔，开创了疆域远迈汉唐、国威远播西洋的"永乐盛世"。有人说，明朝之后两百多年太平无事，皆赖成祖之力。

开创者
朱棣

时间
1402年—1424年

主要成就
迁都北京，威加四夷
北征蒙古，南平安南
耀兵异域，万国来朝
编纂大典，提倡文教

后世评价
文治武功，远迈汉唐；奠定明清两朝的政治格局

内政治理

明成祖即位后恢复了建文帝废弃的朱元璋之制，在此基础上又组建了内阁，使之成为皇帝和官僚机构之间的桥梁。他任命解缙和黄淮等七位著名学者到翰林院就职，让他们担当国家事务的主要顾问。他们全都任职于皇宫内的文渊阁，随时准备皇帝召见。由于侍奉皇帝左右，内阁作用越来越大，逐渐超越其他官僚机构之上，而成为最高级别的政治机构。

明成祖即位后认识到民为国本，命令官吏随时向他报告民情，还派出民情调查员，如果发现民众有重大疾苦而未汇报的，向当地官吏问

明成祖朱棣
朱棣（1360年—1424年），在位期间，完善明朝政治制度，发展经济，开拓疆域，迁都北京，使北京从此成为中国的政治中心至今。此外他编修《永乐大典》，派遣郑和下西洋，北征蒙古，南平安南。明成祖的统治时期被称为永乐盛世，明成祖也被后世称为永乐大帝。

明

了明朝的政治外交地位，推进了藩国朝贡，加强了明朝和海外各国友好往来。

明成祖以武力得天下，又以高压治国，但却锐意标榜文治。他喜欢聚众编书。其中最为著名的是《永乐大典》，该书规模空前，全书22937卷，其中仅目录就有16卷，共11095册，总计约3.7亿字。自先秦至明初，所引书七八千种之多，保存了大量的稀有文献资料，极为珍贵。

边疆治理

明成祖通过分而治之的方式控制长城之外的蒙古部落。对于愿意纳贡的部落，明朝与他们进行互市贸易，对于不愿承认明朝政府权威的部落，明成祖亲自带兵征讨。这种恩威并用的方式，提高了明朝廷的威信，以最低的成本实现边境安宁，并且使明朝军队获得了大量的马匹。

明成祖努力把东北女真诸部落纳入治理。永乐七年（1409年），明成祖在特林地区设立了奴儿干都司，三年后又在库页岛上设置了囊哈尔卫，驻军千余人。

明成祖的太监亦失哈

《永乐大典》书影
2535卷~2536卷，中国国家图书馆藏。《永乐大典》是一部百科全书式的文献集，保存了14世纪以前中国历史、地理、文学、艺术、哲学、宗教等方面的文献。

罪。成祖还高度重视赈灾工作，命令官员赈灾要雷厉风行，重大灾害12小时之内赈灾物资到位。

明朝初期，中国东南海上局势动乱，海上活跃着各种武装势力，占据交通要道，拦截海外贡使，限制了明朝向海外的发展。同时，南洋各国对明朝情况不甚了解，甚至抱有敌意。为了解决这些问题，明成祖派宦官马彬出使爪哇诸国。永乐三年（1405年），又派郑和下西洋，宣扬了国威，提高

永乐通宝
明初实行以纸钞为主的货币流通制度，使用大明通行宝钞，朱棣即位后，出于外交和对外贸易的需要，于永乐六年（1408年）开铸永乐通宝钱，用于对外贸易和赏赐。

明长城遗址

明长城是明朝在北部地区修筑的军事防御工程，东起鸭绿江畔辽宁虎山，西至祁连山东麓甘肃嘉峪关，蜿蜒6000多千米，工程浩大。

曾十次前往海参崴等地视察，在奴儿干都司的山顶上修建了永宁寺，先后留有"敕建永宁寺记"和"宣德八年重建永宁寺记"两块石碑，如今这两块石碑还保留在海参崴的博物馆里。

洪武、永乐时期，明朝在甘肃、青海、新疆等地设地卫所，加强对西北地区的管辖。这一地区的安定、曲先、阿瑞卫所管辖地区边民依然过着游牧生活，其他地区则是半耕半牧。哈密地区农田肥沃，四时皆春，人多以马乳拌饭而身材肥美。明成祖即位不久，封肃王兀纳失里之弟安克帖木儿为忠顺王，置哈密卫，成为明朝一个辖区。

明朝建立后，延续了对西藏的宗主权。明成祖听闻当时宗教领袖之一的哈立麻善行法术，就派僧人智光率领使团去西藏请他来京，哈立麻在应天府受到隆重的接待。他还两次派人邀请当时最有名的宗教人物格鲁创始人宗喀巴赴京城。明朝政府规定了西藏的僧侣制度。法王是最高级别的僧侣，由朝廷封授，法王并没有任免下一级僧官的权力，各级僧官均由明朝政府任免。

五征蒙古

当时，蒙古分裂为瓦剌、鞑靼和兀良哈。兀良哈泛指因靖难有功而被明成祖赐地大宁的朵颜三卫。三大部落经

明·木制马鞍
马鞍是放在马背上供人骑坐的器具，两头高，中间低。现藏于中国长城博物馆。

常互相残杀，其中以鞑靼部较为强盛，时常袭扰明朝边境。为打击元朝残余势力，朱棣先后五次亲征蒙古。

第一次亲征。永乐六年（1408年），蒙古太师阿鲁台迎爱献识理达腊之孙本雅失里为大汗。次年，杀明朝使节郭骥。明成祖派淇国公丘福率军10万北征，结果全军覆没。永乐八年（1410年）二月，明成祖率军亲征。明军在斡难河大败本雅失里，本雅失里逃向察合台汗国，后被瓦剌首领马哈木杀死。明成祖挥师向东攻击阿鲁台，阿鲁台坠马逃遁。鞑靼部经此打击，俯首称臣，并向明成祖进贡马匹。成祖厚赏阿鲁台，赐封"和宁王"。

第二次亲征。趁明朝与鞑靼交战之际，瓦剌部迅速发展壮大，进军胪朐河（今克鲁伦河），窥视中原。明成祖亲征瓦剌。永乐十二年（1414年）六月，明军行至忽兰忽失温（今蒙古国乌兰巴托东南），发现3万瓦剌军，明成祖派骑兵冲乱敌军阵型，又命发炮轰

> 少年中国史

黄福

黄福（1362年—1440年），字如锡，号后乐，谥忠宣，中书省益都路潍州昌邑县（今山东昌邑）人，明朝政治人物，曾任工部尚书。安南属明时期，任首位交趾承宣布政使司布政使兼提刑按察使司按察使，赠太保。

击，亲率铁骑杀入敌阵，瓦剌军纷纷败逃。瓦剌主力受到重创，此后多年不敢犯边。

第三次亲征。瓦剌被明军打败后，鞑靼又逐渐壮大起来。永乐十九年（1421年）冬初，鞑靼围攻明北方重镇兴和，杀死明将王祥。次年三月，明成祖率军出击鞑靼。鞑靼首领阿鲁台得知明军来袭，乘夜逃离。明军继续追击，俘获鞑靼的部属，阿鲁台再次遁逃。成祖回师途中收复了被阿鲁台征服的兀良哈部。

第四次亲征。永乐二十一年（1423年），阿鲁台率部劫掠明朝边境，成祖闻悉后决定再次亲征。明军到达沙城（今河北张北）时，阿鲁台已被瓦剌击溃，其部下阿失贴木儿率部投降明军。明军休整一个月后继续北上，击败鞑靼西部的军队，鞑靼王子也先土干投降，成祖封也先土干为"忠勇王"，班师回京。

第五次亲征。永乐二十二年（1424年）正月，阿鲁台率军进犯山西大同、开平等地。明成祖调兵北征。六月十七日，明军进至答兰纳木儿河（今哈拉哈河下游），阿鲁台部早已闻风逃遁。七月十八日，明成祖在回京途中病死于榆木川（今内蒙古呼伦贝尔）。

明十三陵

明十三陵位于北京市昌平天寿山，是明朝十三位皇帝的陵寝所在地，也是中国乃至世界现存规模最大、帝后陵寝最多的一处皇陵建筑群，是世界文化遗产。长陵是明十三陵中修建的第一座陵寝，明成祖在修建北京紫禁城的同时，选择这里成为陵址。自永乐七年（1409年）五月开始修建长陵，到明朝最后一帝崇祯帝入葬思陵止，其间历经230多年。

鏖兵安南

安南就是现在的越南，古称交趾、交阯，汉唐时曾纳入中国领土。五代时趁乱独立成国，并向北扩张。明朝建立后，为休养生息，明太祖曾定安南为不征之国。明朝初年，安南陈朝军事统帅胡季犛，废黜陈少帝，建立胡朝。胡季犛以虞舜的后代自居，改国号大越为大虞。永乐二年（1404年）九月，陈朝遗臣裴伯耆和一位叫陈天平的安南人逃到明廷控诉胡季犛父子"弑主篡位",要求明朝出兵擒贼。

永乐四年（1406年），明成祖派广西都督佥事黄中领5000名士兵，护送陈朝前国王孙陈天平回安南即位。当进入安南支棱隘时，遇上胡军袭击，明军不敌，陈天平俘后被处死。明成祖派总兵官朱能加封"征夷将军"进军安南，列胡氏罪状20条，以安民心。战事进展顺利，不久俘获胡氏父子。胡朝灭亡。明成祖下诏称，这次军事行动是为复兴原本的陈氏王室，无奈陈朝子孙被胡氏杀戮殆尽，于是在安南设置交趾承宣布政使司等官署，派官员直接管辖。

永乐六年（1408年），张辅大军刚刚班师，安南各地就起兵叛乱，明朝驻军镇压不力，叛乱不断蔓延。安南土豪简定起兵后，自称日南王，又立所谓陈氏后人陈季扩为大越皇帝招揽人心。明成祖调发4万明军，由沐晟率领再征安南，不料这次战局却非常不利，因轻敌遭到惨败。明成祖迫不得已，再度启用张辅督师。张辅沉着谋划，多次击败安南军。当时明军肃清漠北战事不利，明成祖见安南局势已定，于是召回张辅协助自己北征蒙古。

张辅北上后，陈季扩继续称兵作乱。永乐九年（1411年），明成祖命令张辅三征安南。张辅到任，明军屡战屡胜。张辅与沐晟会师，与安南军在爱子江决战。此役，安南兵仍然以象阵为前驱，明军射落象奴，洞穿象鼻，群象皆返奔，自相践踏。明军乘势进击，安南兵大败。明军于老挝境内活捉陈季扩，押送京师。

在明军武力镇压下，安南暂时得以平定。但张辅回京后，安南民众再次反抗。清化豪族黎利发动起义，自称"平定王"，并用计打败明朝征夷将军王通的10万大军。黎利得胜后继续进兵，并不断进攻各地明朝守军。明成祖去世，太子朱瞻基即位，决定从安南撤兵。黎利建立后黎朝，后被明英宗封为安南国王，奉明朝为正朔，朝贡不绝。

明·《瑞应麒麟图》
明永乐年间，榜葛剌（今孟加拉国）为了表达对明成祖朱棣的尊敬，派人献上了中国传说中的神兽——麒麟。没见过麒麟的朱棣君臣非常激动，命宫廷画师将麒麟画下来，并让翰林院修撰沈度写了《瑞应麒麟颂》以纪念此事。

1405年—1433年

和经事三朝，先后七奉使，所历占城、爪哇……天方、黎伐、那孤儿，凡三十余国。所取无名宝物，不可胜计，而中国耗废亦不赀。

——《明史》

郑和下西洋

一支当时人类史上最庞大的远航船队，七下西洋，海贸繁荣，将注定因其伟大而永留史册。郑和在航海过程中炫示大明国力，宣布成祖威德，又多次擒王摧敌，数建奇勋。至今南洋各国人民仍旧奉郑和为神，立庙祭祀，香火不衰。

时间
1405年—1433年

缘由
宣扬大明威德，扩散影响；
发展贸易缓解财政支出；
包抄帖木儿帝国；
寻找建文帝下落

规模
船只200多艘，船员27800余人

主要人物
朱棣、郑和、王景弘、马欢

出发地
太仓刘家港、长乐太平港

最远到达
非洲东岸、沙特阿拉伯

历史疑案
郑和航海档案消失之谜

爪哇事件

永乐三年（1405年）六月，三保太监郑和奉命率领船队第一次下西洋，郑和船队主要有五种类型的船只，宝船、马船、粮船、坐船、战船。宝船船身长150多米，宽60多米，是当时世界上最大的船只，它的铁舵需要二三百人才能抬得动。

郑和出发不久到达爪哇岛上的麻喏八歇国。爪哇为南洋要冲，人口稠密，物产丰富，商业发达。郑和靠岸时，适逢这个国家打内战，麻喏八歇国王以为对方援军到来，误杀上岸做生意的郑和手下170余人。第一次出师就遭此重创，郑和部下军官纷纷请战，要向麻喏八歇国宣战。震慑于郑和船队的庞大，麻喏八歇王十分惧怕，派使者谢罪，主

梁庄王朱瞻垍墓出土的大金锭
2001年出土于湖北钟祥，现藏于湖北省博物馆。这是现存唯一一件有铭文记载的与郑和下西洋有关的文物，使用郑和第五次下西洋时在外国采买的黄金做成。明朝亲王婚礼有朝廷赏赐定亲礼物的制度，这件大金锭即是。

动提出要赔偿6万两黄金以赎罪。郑和身负明成祖的和平使命，主张以德服人，不希望引起南洋各国的误会，加上麻喏八歇王真诚认罪，于是禀明明廷，化干戈为玉帛，和平处理了这一事件。明朝决定放弃赔款要求，麻喏八歇王十分感动，两国从此和睦相处。

活捉海贼王

陈祖义（？—1407年），祖籍广东潮州，洪武年间迁至南洋为海盗。盘踞在马六甲十多年，最多时战船百艘，成员万人，横行于从日本南部到印度洋的海面上，各国深受其害。明成祖悬赏750万两白银捉拿陈祖义。后来，陈祖义逃到了三佛齐（今属印度尼西亚）的渤林邦国，在国王麻那者巫里手下当

郑和

郑和（1371年—1433年），原姓马，名文彬，字和，回族，小名三宝（三保），云南昆阳（今晋宁昆阳街道）人。奉明成祖令进行7次航行，史称"郑和下西洋"，总航程达7万多海里，足绕地球三周有余。此画像中郑和身着白色五爪龙袍，头戴蝉翼冠，面容白净，卧眉无须，正坐虎皮座。郑和右后方有一黑面武将，左前方有青袍童子，文生打扮。身后的海龙图屏风，海龙隐现于云雾波涛之间，象征郑和为纵横西洋之海上蛟龙。

航海家郑和与达·迦马对比

郑和	达·迦马
中国明朝航海家、外交家，开辟了亚非的洲际航线	葡萄牙航海家，从欧洲绕好望角到印度航海路线的开拓者
1405年—1433年七下西洋，总航程达七万多海里，足绕地球三周有余	1497年—1524年三次航行，总航程长于从赤道绕地球一周
目的是宣扬大明国威，拓展海上贸易及秘密寻找建文帝	目的是开辟前往印度的新航线，建立葡萄牙的海上霸权
主要路线是从南京刘家港出发，经过爪哇岛、锡兰，最远到达红海沿岸及非洲的东海岸	主要路线从葡萄牙里斯本，绕地中海和阿拉伯半岛，经非洲到印度
以中国物产馈赠为主，传播中国文化，致力于建立"天朝礼治体系"，客观上促使马六甲海峡成为海上贸易的要道	以印度香料为主的海上贸易，使葡萄牙在印度洋贸易有显著的地位，并成为殖民帝国
因病死于第七次下西洋的归途中，在印度西海岸古里去世	因感染疟疾死于第三次航行中，在印度果阿去世

上了大将。国王死后，他召集了一批海盗，自立为渤林邦国国王。永乐五年（1407年），郑和船队回航经过三佛齐，陈祖义想以诈降为名抢劫郑和船队，阴谋被当地华侨施进卿获知，告诉了郑和。郑和立即做了反偷袭的准备与部署。陈祖义率海盗来袭时，郑和早有准备，采取"火攻战"烧毁海盗船只，杀死海盗5000余人。"海贼王"陈祖义被郑和生擒，押解回京师后枭首示众。

德施锡兰

郑和第三次下西洋回航时经过锡兰山国补给船队，锡兰山国王亚烈苦奈儿觊觎船上物品，诱骗郑和到国中，发兵5万围攻郑和船队，又伐木阻断郑和归路。郑和见其军队集体进攻，防御空虚，率随从2000人，取小道突袭并攻克其首都，生擒亚烈苦奈儿一家。锡兰山军紧急回防，被明军击败。亚烈苦奈儿一家被押往明廷。不过，斯里兰卡史书认为郑和打算掠走斯里兰卡的佛牙舍利，因此发动战争。明成祖怜悯亚烈苦奈儿鲁莽，释放亚烈苦奈儿和妻子、儿女，给予衣食，命礼部商议，选其国人中贤者为王。选贤者邪把乃耶（就是波罗伽罗摩巴忽六世）诰封为锡兰山国王，并遣返亚烈苦奈儿。史料记载，这位波罗伽罗摩巴忽六世后来成了斯里兰卡古代历史上最后一位成就卓著的君王。

国王回乡

在婆罗洲（今加里曼丹岛）北部，今文莱国所在之地，当时为渤泥国。婆罗洲是东、西洋海上交通的枢纽之地，郑和第一次下西洋时就访问了渤泥国，并册封渤泥国王，授予印符、诰命。渤泥国王名叫黄森屏，是福建人，元末明初中国大乱时，率领整个家族及邻居数千人避乱航海南渡抵达婆罗洲。黄森屏在东加里曼丹岛建立了独立的华人政权，番人用他们的习惯称呼黄森屏为"拉阁"，也就是王的意思，而华

郑和船队组成

船队	简介
宝船	舰队指挥官郑和和他的随从，九桅，长约127米，宽52米
马船	为船队提供马匹、贡品和修理材料的，八桅，长约103米，宽约42米
粮船	供应船只，包括船员的主食，七桅，长约78米，宽约35米
士船	部队运输，六桅，长约67米（220英尺），宽约25米
福船	战舰，五桅，长约50米
坐船	巡逻舰，八桅，长约37米
水船	淡水供应

恒星图1 从脱迦勒到霍尔木兹的导航星

恒星图2 从锡兰到德鲁伊的导航星

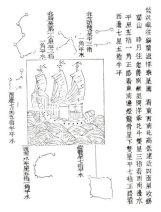
恒星图3 从普罗隆多到锡兰的导航星

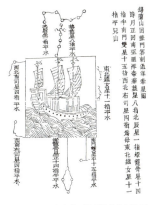
恒星图4 从霍尔木兹到卡利卡特的导航星

过洋牵星术

出自明代茅元仪的《武备志》，此四幅"过洋牵星图"为后人提供了郑和下西洋时航海术的详解。牵星术是古中国人航海发明之一，利用天上星宿的位置及其与海平面的角高度，来确定航行中船舶所走位置及航行方向，因此又称为天文航海术。使用时左手持牵星板，手臂伸直，眼看天空，木板的上边缘是北极星，下边缘是水平线，从而测出所在地的北极星距海平面的高度。郑和船队在"过洋牵星"时，常南北或东西两星同时并用，互相核对。

人则按中国的叫法称为"总兵"。这个政权保有足以威慑敌人的强大的军事力量。后来，黄森屏与附近的渤泥结成联盟。黄森屏也成为渤泥国（文莱）的两大开国亲王之一。

郑和率舰队访问渤泥之后，黄森屏在其感召下萌生了思乡之情。永乐六年（1408年），黄森屏留下自己的妹妹镇守渤泥，亲率150多名亲属及部下回到中国，《明史》中称之为渤泥国王麻那惹加那。黄森屏因年事已高，在抵达南京数月后去世，明成祖据其遗愿将他安葬于中国，并将他的儿子护送回国，立为渤泥新王，并在基那巴卢山下刻石立碑。在郑和舰队的影响下，南洋苏禄苏丹国的几位国王也参拜明成祖，他们的后代至今仍生活在山东德州。

少年中国史

中国古代航海日志

中华文明起源于黄河长江流域，形成了农耕文化。同时，中华民族的发展也离不开水域与航海，中国古代航海事业的开端可追溯至夏商周。

● 消失的商朝军队

公元前1045年，武王伐纣，攻破都城朝歌，纣王自焚于鹿台。攸侯喜统帅的25万军民，突然全部失踪，下落不明。而与此同时，奥尔梅克文明突然在美洲兴起。19世纪以来，不断有中外学者推测，攸侯喜军团渡海逃亡，遇到暴风，被吹到美洲。奥尔梅克文明极具殷商特色。他们铸造的青铜人头像，相貌和华夏人相似。他们使用的玉圭上刻着甲骨文图形。他们和华夏人一样钟爱玉器，他们玉器上的虎头图案和商朝玉器上的虎头图案，惊人地相像。

● 从独木舟到楼船

最初古人抱着葫芦渡水，后来把几个葫芦绑在腰间，称为"腰舟"。新石器时代，中国沿海龙山文化和百越文化发明了独木舟。他们顺着季风和洋流漂流到了日本、夏威夷、菲律宾、波利尼西亚，直至美洲西海岸，留下了石锛、陶器、墓穴等文物。

殷商时代，发明了帆，港口诞生。碣石、番禺，是商周时期的主要港口。西周时期，出现双体并联的舫船和四体并联的维舟。春秋时期，出现具有重楼式上层建筑可作指挥舰使用的楼船，出现了联合编队的大规模水上行动。此时，产生了潮汐、八方风与十二方风的概念，人们依靠太阳和北极星定位。

● 徐福东渡

秦始皇统一中国，想探索海外疆土。当时传说有海上仙山曰蓬莱、方丈、瀛洲。秦始皇应徐福之请，派他率

遣使求仙
出自明《帝鉴图说》，讲述了秦始皇派遣徐福入海求蓬莱、方丈、瀛洲三神山及不死之药。

"童男童女三千人"和"百工",携带"五谷子种",出海求仙。《史记》记载,徐福找到了拥有河流和平原的陆地,在那里称王,不再返回。人们推测,徐福东渡到了日本。

汉代时期,中国和日本开始正式交往。东汉时,日本国王遣使朝奉,汉光武帝赐倭奴国称号,并赐金印。这条记载已经被出土文物证实。东汉末年,曹魏册封倭国女王卑弥呼为"亲魏倭王"。南北朝时期,在南朝政治中心建康(今南京)和日本之间,形成了中日南道航线。为避战乱,大量中国人迁徙日本,带去了中国的技艺、文化和生活方式。

明代楼船模型

楼船最早出现于西汉,因船体高大,船面之上通常建楼三层,最多可达五层得名。主要依靠人力划桨驱动,风帆为辅助动力,是中国古代典型的桨帆战船。楼层之内配备强弩尖矛,甲板之上放置炮车、檑石、铁汁等攻击性工具,面积之大甚至可以允许骑兵运动。

● 通往罗马之路

汉朝统一中国之时,罗马人统一了意大利,建立了强大的罗马帝国,中国史书称之为大秦。中国出产的丝绸是最受罗马人欢迎的奢侈品。陆上丝绸之路经西域到大秦,路途遥远,战乱频繁,其间的安息国(波斯)为牟取暴利,不希望罗马和中国直接接触。汉元鼎六年(前111年),武帝发楼船兵10万攻下了南越,设立九郡,开辟了从徐闻、合浦通向印度和斯里兰卡的航线,斯里兰卡成为汉朝和罗马交换货物的中转站。东汉元初七年(120年),罗马的马戏团经缅甸来到洛阳,祝贺汉安帝改换年号。此后徐闻至斯里兰卡的航线也得到拓展,"大秦王安敦"派遣使节沿着这条航线来到中国。

● 行驶八面风

秦汉时期船舶制造技术快速发展,出现了影响巨大的技术发明。橹是中国特有的技术,橹既能产生推力,又能控制方向,在水中连续摆动,效率高而且省力。广东出土的东汉陶船模型显示,汉代的船舶已经使用舵,早西方1000多年。南北朝时期,产生了以轮子转动代替划桨的轮船,称为"车船""车轮舸"。

中国的船帆普遍使用硬帆，用帆竹作横向支撑，挂在单独的桅杆上，可以绕杆转动，形成独特的中式平衡帆船。东汉时期已经帆舵结合，掌握"打偏驶风"和"掉樯驶风"的技术，号称"行驶八面风"。吴国《南州异物志》记述了今人所谓"蝴蝶帆"的挂帆样式。

◉ 印度洋上的中国船

唐代的远洋货船木兰舟，巨如广厦，帆若垂天之云，舵长数丈，由广西钦州出产的乌婪木制成。宋代出使海外的使臣所坐的大船叫作神舟，是专门为出国使臣打造的，气势磅礴，装修豪华。

唐宋远洋海船使用多项领先世界的技术。一、横截面安置龙骨，两舷上部增设"大橄"，显著提高了船体强度。二、普遍使用水密隔舱技术。三、使用独特的榫接钉合工艺，同时代的阿拉伯造船法使用"椰子皮为索连接，葛览糖灌塞"。四、发明了平衡舵和舭龙骨，其重要参数和现代船舶基本一致。五、使用指南针导航，并且发展出二十四方位的航海罗盘。中国的指南针导航被阿拉伯海船学去，传至西方。这些技术使得中国大船广受各国商贾使节青睐，在当时的中日航线和印度洋的航道上，几乎全是中国船。

宋朝时的汴河船

带拱形舱的为漕船，吃水浅，转运粮食最为繁忙，带有人字桅的内河船，是为了方便上下水时配合拉纤航行，船中间建有房舱型是货船，是用于转运物资，客船更为复杂和精致，隔板以书画装饰屏风，客船舱顶外还搭有守夜棚。

● 中国古代航海的顶峰

郑和下西洋是中国航海事业的顶峰。根据近年的中外专家推算，宝船排水量22848吨，载重可达9824.64吨。郑和船队已经把航海天文定位与导航罗盘的应用结合起来，提高了测定船位和航向的精确度，人们称"牵星术"。《郑和航海图》被明代晚期作者茅元仪抄录在《武备志》中，有图40幅，最后附"过洋牵星图"四幅。海图中记载了530多个地名，其中外域地名有300个，最远的东非海岸有16个。

郑和下西洋代表的是海禁背景下的官方朝贡贸易，不是单纯的商业逐利行为，因而无法持久。朝贡贸易停罢之后，中国航海事业进入停滞期。之后西方殖民主义者已经入侵南洋各地，垄断了这一地区的海上贸易。清朝时期航海事业尽管有所发展，但与当时西方的距离却越来越大。直到1949年新中国建立，中国航海事业才摆脱内外势力的压制，昂首阔步，进入振兴期。

1357年—1419年

诏曰：鉴于你证道的功德，极为高深，清净宏大。依于慈悲之心，对一切众生，作利益而安置他们于大乘之道中。以此之义，并思念你的清净功德，已非一日，为时久矣！……

——《明史》

宗喀巴大师

宗喀巴大师是藏传佛教最大的教派格鲁派黄教的创立者。他总结大小乘、显密一切教诫理论，而自成一家之言。他囊括众家，而以中观为正宗，以月称为依止，矫正了藏地旧派佛教之弊。他的两大弟子形成了达赖和班禅两个系统。

本名
罗桑扎巴

籍贯
宗喀（今青海湟中）

职业
佛教徒、藏传佛教理论家

相关人物
启蒙导师顿珠仁钦，师友仁达瓦、菩提顶，两大弟子甲曹节、克主节

成就
创立格鲁派

著作
《菩提道次第广论》
《密宗道次第广论》

宗喀巴鎏金青铜坐像
法相庄严，现藏于比利时布鲁塞尔皇家艺术与历史博物馆。

幼年出家

宗喀巴（1357年—1419年）出生于青海湟水，他的父亲是当地的达鲁花赤。达鲁花赤妻子馨萨阿其怀孕时，他梦见了曼殊佛，就有了佛转世之说。至正十七年（1357年）十月，馨萨阿其生下一个男孩，取名罗桑扎巴，当地人也叫他杰仁波旦，意思是宝贝佛爷。宗喀巴家是当地望族，且是佛教世家。三岁时，噶玛噶举派（黑帽系）四世活佛乳必多吉见到了宗喀巴，很喜欢他，就劝他父亲将来送他入藏学佛，并为他受近世戒（戒杀、戒盗、戒淫、戒妄语、戒酒）。活佛走后，宗喀巴拜噶当派大喇嘛顿珠仁钦为师，开始了宗教生涯。宗喀巴从佛门童子功习起，受持一切密乘律义诸三昧，诵读佛经，修习瑜伽功和曼殊心咒五字明。佛经和佛占据了他的全

明

部心灵，即使在睡梦中，梦到的也常是噶当派始祖阿底峡。

入藏求学

明洪武五年（1372年），16岁的宗喀巴希望前往西藏深造。宗喀巴一行绕南路而行，跋涉3000余里，翻山越岭，一年后抵达必力公。宗喀巴在必力公听受了大乘发心仪轨和大印五法，还阅读了寺中喇嘛的著述和佛教经论，又往公塘学习医术和梵藏注译。几个月后，来到了拉萨西南的第瓦巾寺，也就是宗喀巴启蒙师傅顿珠仁钦的母寺。宗喀巴只用了18天，便将一部《现观庄严论之本释》读得精熟。他还去听邻近的僧人讲大乘《庄严经论》。听说萨迦教主福幢在法城寺，他立即前往礼见。宗喀巴如饥似渴地学习，加上水土不服，就病倒了。克服了重重困难后，他终于适应了新的生活。

塔尔寺八白塔
塔尔寺是中国西北地区藏传佛教的活动中心，位于青海省西宁市。寺庙创建于洪武十年（1377年），得名于大金瓦寺内为纪念宗喀巴而建的大银塔。

宗喀巴唐卡
唐卡是藏族文化中一种独具特色的绘画艺术形式，具有鲜明的民族特点、浓郁的宗教色彩和独特的艺术风格。唐卡的绘制要求严格，工艺复杂，所以要完成一幅唐卡作品需要半年，甚至十多年。因为颜料全部采用天然矿物宝石和植物，所以绘出的作品历经几百年仍然色泽明亮。

云游立宗

洪武八年（1375年），19岁的宗喀巴开始云游诸寺院，这可以算是他事业的开端。他一面继续学习，一面于各寺院立宗，名声渐著。所谓立宗，就是在寺院中立辩场，同寺院中的僧人辩论。宗喀巴先后到过桑朴、仰思多（今江孜）、沙鲁、萨迦、拉孜、觉摩囊、那哩当等地，拜访了当时著名的大师仁达瓦、高僧菩提顶，向他们请教种种疑难问题。这年冬天，由于患病，宗喀巴来到萨迦的内宁寺修行，痊愈后又住回了第瓦巾寺。这时候，他已经声名鹊起，新即位的北元第三任大汗脱古思帖木儿也赠送礼物给他。宗喀巴已在后藏至前藏诸大辩场立释量、集论、俱舍、戒律四部之宗，达到"格西"（善知识）的地位。

宗教改革

洪武十八年（1385年），29岁的宗喀巴，在南结拉康寺从楚臣仁钦受比丘戒。大约也就从这时起，宗喀巴开始戴上黄帽。洪武二十一年（1388年），宗喀巴完成了《现观庄严论》，他的佛教理论更趋成熟。宗喀巴同时开讲十五种经论，后又逐渐增加讲论种类和内容，最多时一次同时讲述二十九部大论，成为佛教法会史上绝无仅有者。

洪武二十五年（1392年）起，36岁的宗喀巴开始收徒。这些弟子中最著名的是洪武二十九年（1396年）收的甲

甘丹寺

这座寺庙是由格鲁派创始人宗喀巴于1409年亲自筹建的，与哲蚌寺、色拉寺合称"拉萨三大寺"，又与哲蚌寺、色拉寺和扎什伦布寺合称格鲁派的"四大寺"。

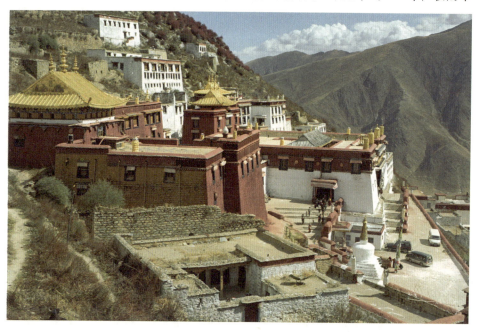

曹节。建文三年（1401年）春天，宗喀巴与仁达瓦及贾乔贝桑会于囊孜顶寺，进行了教规整顿。之后，宗喀巴先后撰写了《菩提道次第广论》和《密宗道次第广论》，成为格鲁派的经典之作。

永乐五年（1407年），宗喀巴来到前藏色拉却顶，收名僧克主节为弟子，即后来的班禅一世。次年，宗喀巴著成"辩了不了义论"，定名为《善说藏》。不久，明成祖派遣的使臣找到他，迎请他前往京师。但当时正值宗教改革成败之际，宗喀巴不能离开，派弟子释迦也失随使臣而去。

创立格鲁派

为扩大影响，宗喀巴决定按照佛祖祇园精舍城法会的形式举行一次大祈愿法会。

永乐七年（1409年），藏历正月初一日至十五日，宗喀巴在帕竹第悉明封阐化王札巴坚参支持下，在拉萨主持大祈愿会。前来参加法会的全藏各教派僧众多达万人，俗众更达数万。这是他一生宗教活动最辉煌的时刻，奠定了在藏传佛教界第一号人物的地位。会后，宗喀巴的新噶当派（格鲁派）正式创立，并在拉萨东50里的旺古尔山创建了格鲁派的主寺甘丹寺。宗喀巴成为格鲁派的领袖，旧噶当派寺院逐渐改宗格鲁派。

永乐十二年（1414年），明成祖第二次派遣使臣迎请他入京，但宗喀巴

宗喀巴唐卡
藏地相传宗喀巴为文殊菩萨化身，他创建的格鲁派是最晚形成的一派，却后来居上，成为藏传佛教中最大的教派。

大病初愈，未能成行，他再次派弟子释迦也失随同使臣入京，释迦也失在京师受封西天佛子大国师。

随着格鲁派势力的不断扩大，宗喀巴命弟子在拉萨西郊兴建哲蚌寺。两年后，又命释迦也失在拉萨北郊建立色拉寺。晚年宗喀巴极为忙碌，四处弘扬教法。永乐十七年（1419年）冬，年迈多病的宗喀巴才回到甘丹寺，安心等待最后时刻。三天后，他留下遗嘱，由达玛仁钦继承住持寺院事务。十月二十五日，重病中的宗喀巴虔诚地走完人生最后一段路程，享年62岁。

1369年—1415年

> 缙幼颖敏，洪武二十一年举进士。授中书庶吉士，甚见爱重，常侍帝前。
>
> ——《明史》

大明奇才解缙

聪明绝伦，有神童之名；缘直言无忌，是非不断。皇命亲下，令其闭门修养，十年后再用。提前复出后，却难改性格，屡遭陷害，终被活埋于雪中而死。朱棣曾经说过，天下不可一日无我，我则不可一日少他。他，就是大明奇才解缙。

性格特征
自负才学好直言

特长
工五言诗，人赞"文章百代尊"；小楷精绝，行草皆佳

代表作品
著作《白云稿》《东山集》《天潢玉牒》等；
书法《自书诗卷》《游七星岩诗》等

主要成就
主持纂修《永乐大典》《太祖实录》《古今列女传》

解缙
解缙（1369年—1415年），字大绅，号春雨，谥文毅，江西吉水州（今江西吉水）人。明朝第一位内阁首辅。学识渊博，在诗歌、书法、散文等方面都很有成就。

少年才子

解缙（1369年—1415年），字大绅，一字缙绅，号春雨，吉州吉水（今属江西）人。生于世宦之家，祖父解子元曾任元朝，死于兵乱。父亲解开因此不肯出仕，曾辞谢朱元璋任用。解缙天赋异禀，十来岁时便诗文俱佳，以神童闻名。洪武二十一年（1388年），解缙中三甲进士，被留选为中书庶吉士。朱元璋谈及时政，对解缙说道："朕与尔义则君臣，恩犹父子，当知无不言。"少年得志的解缙恃才无羁，当天便写了"封事"万言书，交给了朱元璋。朱元璋将"封事"公之于众，解缙因此而声名大噪。

解缙身上满是李白式的浪漫个性，在官僚之中是个异类，他的狂放不羁、嫉恶如仇，很快便招致他人的不满。解缙对兵部官署言语傲慢，被兵部尚书告发。朱元

璋责备解缙"冗散自恣",并贬他为江西道监察御史。李善长下狱,解缙又代人写奏折为李善长辩冤,被吏部尚书詹徽告发。不久,解缙又代人上疏弹劾都御史袁泰。那时解缙二十出头,疾恶如仇,惹是生非,难容于官场。于是朱元璋让解开把解缙领回家去,希望他有所长进,10年后再用。才华横溢他不缺,显然他需要学习的是为人处世的技巧和方法。

明·龙虎斗砚
砚台是文房四宝之首,到明代时砚的功能逐步由实用转变为以艺术为主。这块砚采用宋坑石,背刻"砚田",落款"献章"。现藏于广东省博物馆。

仕途坎坷

解缙受命在家读书撰著,倒也过得自在。洪武三十一年(1398年)闰五月,朱元璋病逝。在家待了8年的解缙得知消息,立刻赶往京师。仇敌袁泰趁机攻击解缙"有先帝旨意,且母丧未葬,父年九十,不当离家来京"。建文帝贬解缙为河州(今甘肃兰州附近)卫吏。解缙此行非常狼狈,加上不忍北方苦寒,不久便病倒了。孤苦之中,解缙写信给礼部侍郎兼翰林学士董伦。董伦为解缙说了不少好话,建文帝这才召回解缙,授官翰林待诏。建文四年(1402年)六月,燕师攻抵京城,许多官吏趁夜外逃,解缙没有走。当燕王朱棣率师入京时,解缙等人迎附了燕王。

明·谢缙·溪隐图
远山层叠延绵,湖面平静广阔,近处岸边树木葱郁,渔人泊船后向家的方向走去。茅屋下,一个女子席地而坐。现藏于香港虚白斋。

《永乐大典》内页

谢缙主持过《太祖实录》和《古今列女传》的编纂,不过使他名垂青史的是主持编纂"世界有史以来最大的百科全书"《永乐大典》的经历。

解缙为朱棣起草《登极诏》,由此得到朱棣赏识,开始了人生中仕途顺利的五年。七月,解缙从翰林待诏升任本院侍读,八月间又与黄淮等人受命入文渊阁,参预机务。明朝内阁制度由此开始,解缙成为明朝第一位内阁首辅。不久,朱棣命解缙重修《太祖实录》,之后又主编《永乐大典》。在编著《永乐大典》的同时,解缙又卷入了"立储之争"。

据说当时朱棣曾命群臣题《虎彪图》,解缙提笔写道:"虎为百兽尊,谁敢触其怒?惟有父子情,一步一回顾。"朱棣为之所动,于是将朱高炽由北京召回。朱高炽回到京师后,立储之争更激烈。朱棣私下征求解缙意见时,他便明确表态:"皇长子仁孝,天下归心。"他见朱棣不吭声,就顿首道:"好圣孙!"圣孙即朱高炽长子朱瞻基,深得朱棣喜爱。朱棣终于点头,太子遂定。这件事后来传到朱高煦耳中,他对解缙怀恨在心。

之后,朱高煦被封汉王。看到朱棣宠爱汉王,解缙又站出来讲话:"这是开启争端,不能这样。"朱棣十分恼火,骂他"离间骨肉"。后来加上朱高煦等人不断进谗言,解缙渐遭疏远,最终成为这场夺嫡斗争中的牺牲品。此后又发生了解缙反对出兵安南之事,与朱棣发生直接矛盾,而朱高煦则将立储之议公布,并反告解缙泄禁中语,于是解缙被贬任外职。

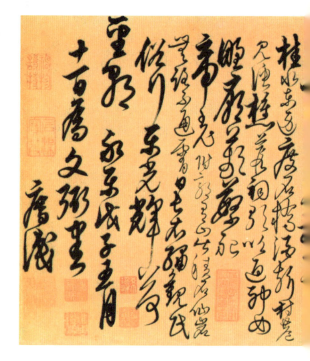

惨死雪中

永乐五年（1407年）二月，解缙出任广西布政司右参议，离开了内阁近侍的位置。解缙这样一个书生气十足而又树敌颇多的人，一旦离开近侍的位置，他的厄运也就开始了。解缙刚整装上路，礼部郎中李至刚告他"怨望"，于是被改官交趾，督饷化州。解缙在交趾三年，公务之余，撰文赋诗，与友人唱和。

永乐八年（1410年），解缙入京奏事，当时成祖朱棣已于一年前北征塞外。解缙谒见了监国的太子朱高炽后便直接回交趾去了。朱棣回京师后，汉王朱高煦便告解缙"伺上外出，私觐太子，径归，无人臣礼"。解缙离京后，道由江西、广东往交趾，一路上游览山川名胜，吟诗作赋，丝毫没有觉察到即将大难临头。途经广东时，又奏请朝廷开通赣江。朱棣十分恼怒，命逮捕解缙下狱。永乐九年（1411年）六月，解缙开始了他长达三年半的狱囚生活。

永乐十三年（1415年）正月，朱棣在浏览锦衣卫都指挥纪纲上报的囚籍时，看到解缙的名字，就问"缙犹在耶"。纪纲返回，置酒与解缙对饮，并为之泣下。解缙也一切都明白了，他开怀畅饮，酩酊大醉。解缙被埋到积雪中，结束了一个不能按照皇权专制模式改造自己的知识分子的一生。

明·谢缙·游七星岩诗
草书，书于永乐六年（1408年），时解缙40岁。其书艺臻至成熟自化，笔墨奔放，傲让相缀而意向谨严。作品曾经被许多名家鉴藏，上钤诸家鉴藏印记共16方。现藏于北京故宫博物院。

1426年

仁宗体肥重，且足疾，两中使掖之行，恒失足。高煦从后言曰："前人蹉跌，后人知警。"时宣宗为皇太孙，在后应声曰："更有后人知警也。"高煦回顾失色。

——《明史》

汉王朱高煦叛乱

汉王朱高煦功高盖世，曾四次使朱棣转危为安，被暗示许为太子，但最终只被封为汉王。在皇权体制下，他这样的人如果当不成皇帝，就会成为不合时宜的多余人，注定终成悲剧。

时间
1426年

地点
山东乐安州（今山东惠民）

起因
朱高煦随朱棣靖难功高，且曾被许以太子位，所以一直想继承皇位

参战双方
汉王朱高煦、明宣宗朱瞻基

结局
汉王出降，被贬为庶人，后处死

仁孝皇后
仁孝文皇后（1362年—1407年），明成祖朱棣嫡后，濠州人，明朝开国功臣徐达嫡长女，生明仁宗朱高炽、汉王朱高煦和赵王朱高燧。

五立奇功

朱高煦（1380年—1426年），明成祖朱棣次子，明仁宗朱高炽同母弟。朱高煦遗传朱棣颇多，性情凶悍，洪武二十八年（1395年）被封为高阳郡王。朱高煦身高七尺有余，身形矫健，善骑射，两腋长有鳞片。朱元璋驾崩之后，按照遗诏，朱棣留在北平不得进京，而他的三个儿子则必须来京城服丧三年。建文帝开始削藩，软禁了朱棣。在京城做人质的朱高煦抓住了某个稍纵即逝的机会，迅疾盗得魏国公徐辉祖良马，带着行动不便的世子朱高炽和弟弟朱高燧，一路过关斩将，马不停蹄地逃回北平。朱棣见到儿子回来，大呼"天赞我也"！

朱棣起兵后，朱高煦随军作战，屡立奇功。白沟河之战，朱棣身陷险境，几度差点被擒。危急之时，朱高煦率数

千精锐骑兵赶来，斩杀了瞿能父子，使得燕军转败为胜。东昌之战，燕军惨败，大将张玉战死，朱棣在朱能的掩护下且战且退，又是朱高煦率军赶至，击退南军，救出朱棣。之后，朱棣率军直取京师，于灵璧与南军发生激战，南军援军赶到，燕军渐渐不支，朱高煦率伏兵杀出，扭转战局。燕军进至长江沿岸，在浦子口遭受南军主帅盛庸重挫，燕军已成强弩之末，朱棣想要和朝廷"议和北还"，又是朱高煦率藩骑赶到。朱棣大喜，拍着朱高煦的肩膀说，"努力啊！世子身体不好。"朱高煦不负重望，击溃南军，攻克浦子口，拔掉了通往京师的屏障。

夺嫡之争

明成祖即位后，命朱高煦前往开平（今河北唐山）镇守边境。朱高煦功高盖世，也以此自负，并恃功骄纵，多行不法之事。当时，朝廷正商议立储之事。淇国公丘福等人喜欢朱高煦，请求立朱高煦为太子，而南方文臣多拥护长子朱高炽，成祖犹豫良久，迟迟没有下决定。永乐二年（1404年），成祖立朱高炽为皇太子，封朱高煦为汉王，藩国云南。朱高煦不肯

明仁宗朱高炽

朱高炽（1378年—1425年），心性温良。在位期间，采取一系列政治、经济、军事改革与调整，国家富足。仁宗与子明宣宗在政治用人、行政处理上，均为后世所称善，史称"仁宣之治"。

前往藩国。之后，朱高煦又请求返回京城。朱高煦向成祖索取天策卫，又请求增加两护卫，行事放纵，常常自比唐太宗。他多次挑拨是非，陷害太子，致使解缙冤死、黄淮入狱。

永乐十三年（1415年），朱高煦被改封到青州，但仍不愿前往。成祖下诏催他就藩。朱高煦还是不肯动身，并私自挑选卫士，招募精兵3000人，又击杀兵马指挥徐野驴，僭用御用车马器物。永乐十四年（1416年）十月，成祖返回南京，得知朱高煦僭越不轨之事达数十起，一怒之下准备将他废为庶人。太子朱高炽念及兄弟之情极力请求免罪。成祖削去朱高煦的两护卫，诛杀其身边亲信，之后又用心良苦将朱高煦徙封到乐安州（今山东惠民），命他即日起程。朱高煦无奈之下前往封地，但心怀怨念，愤愤不平。太子朱高炽虽多次致书劝诫，朱高煦仍不肯悔改。

永乐二十二年（1424年），明成祖在北伐回军途中病逝，太子朱高炽继位，是为明仁宗。朱高煦之子朱瞻圻当时正在北京，窥视朝廷举动报告父亲，朱高煦也派遣心腹入京，伺机叛乱。

起兵造反

明仁宗即位后打算迁都回南京，命太子朱瞻基赴南京准备。不久，明仁宗病重，诏太子回北京。朱高煦闻讯后打算在山东设埋伏，截杀朱瞻基，没有成功。朱瞻基继位，是为明宣宗。朱瞻基即位后厚赏叔父朱高煦与赵王朱高燧，并常常听取朱高煦的建议。朱高煦因此认为宣宗软弱无能，更加骄横狂妄。

宣德元年（1426年）八月，北京发生地震。汉王朱高煦趁机谋划起兵，效仿其父"靖难"，上疏指责仁宗听信谗言、违背旧制，索取夏原吉等"奸臣"杀掉。朱高煦派亲信枚青抵达北京，约英国公张辅为内应，不料张辅当夜逮捕枚青上报宣宗。朱高煦又约山东都指挥靳荣等以济南为应，结果为山东布、按二司官觉察而阴谋败露。朝中无内应，地方无援兵，朱高煦一开始就陷于孤立境地。

朱高煦举起反叛的旗帜后，宣宗本来决定派阳武侯薛禄率兵征讨，但大学士杨荣、户部尚书夏原吉却力劝皇帝亲自出征。于是，宣宗以阳武侯薛禄、清平伯吴成将前锋，亲率五军，向乐安城进发。朱高煦原以为是薛禄来征，非常高兴，得知宣宗亲征，方才害怕。宣宗给朱高煦写信："张敖失国，始于贯高；淮南被诛，成于伍被。今六师压境，交出谋划者，免你过失，恩礼如初。不然，一旦开战，你必被擒；或有人认为奇货可居，绑你来献，悔之晚矣。"

宣宗命大军驻军在乐安城北，包围四门，发射神机铳箭，震慑叛军，并多次把劝降书信射入城内。不久，城内出现叛军，想抓住朱高煦献给宣宗。朱高煦大惊，暗中从小路出城投降，被解回京师，贬为庶人，禁锢于皇城内，后被处死。

明·朱瞻基·御临黄筌花鸟卷
绢本设色，用笔极精细，珍禽、玉兔、花卉以五色渲染，工整不苟，细润生动。明仁宗朱瞻基雅尚翰墨，尤工绘事，山水、人物、走兽、花鸟、草虫无不臻妙。

明万历·云龙纹漆盘

浅弧壁,壁内剔刻连枝花卉纹,盘心剔刻云龙纹,线条流畅,技艺精湛。云龙纹是龙纹的一种,在构图上以龙和云组成纹饰,龙为主纹,云为辅纹。云龙纹始于唐宋五代时期,作为瓷器上的一种纹饰,贯穿了整个明代,一直延续到清代,是一种定型的纹饰。

1442年—1449年

帝方倾心向振，尝以先生呼之。赐振敕，极褒美。振权日益积重，公侯勋戚呼曰翁父。畏祸者争附振免死，赇赂辏集。工部郎中王祐以善谄擢本部侍郎，兵部尚书徐晞等多至屈膝。

——《明史》

宦官王振擅权

千载骂名难消恨，身死族灭空余碑。他是明朝第一个掌大权的太监，王公贵族叫他伯父，皇帝叫他先生。惜却贪污腐败，残害忠良，流毒天下，导致了土木之变、皇帝被俘。经他之手，明朝由盛转衰，噩梦连连。

在位皇帝
明英宗朱祁镇

历史背景
明朝废除丞相，权力集中到内廷，批红往往由宦官代行

持续时间
1436年—1449年

结束标志
土木堡之变中英宗被俘

影响
使强盛的明王朝走向衰落

明英宗朱祁镇
朱祁镇（1427年—1464年），明宣宗朱瞻基长子，九岁即位，土木之变后被俘，归来回复位。前后在位22年，当初宠信王振，后来又宠信曹吉祥、石亨，但是晚年任用李贤，听信纳谏，仁俭爱民，美善很多。废除了殉葬制度。

太后的嘱托

宣德十年（1435年）正月，明宣宗逝世，皇太子朱祁镇即位，次年改元正统。朱祁镇初登皇位时才7周岁，是名副其实的小皇帝。遵照宣宗的遗诏，凡是朝廷大政奏请太皇太后张氏而后行。张氏经验丰富，深明大义，严于律己，限制族人干预国事。太皇太后拒绝了众臣"垂帘听政"的请求，请来英国公张辅和大学士杨士奇、杨荣、杨溥（三杨）以及礼部尚书胡濙五位大臣，当面对英宗说，凡事"非五人赞成，不可行也"。英宗当即应声受命。太皇太后又请五人举办"经筵"，教皇帝学习礼仪和治术。这一阶段由于有太皇太后掌舵，五大臣合力辅政，朝政纲纪尚未崩坏。

此时的杨士奇已经71岁，五人中最年轻的张辅和胡濙也已经62岁，

他们为大明忙碌了一辈子，已经到了含饴弄孙的年纪，他们觉得已经活在太平盛世之中，心里想的不过是隔三岔五搞一个小聚会，"酒各随量，肴只一二味，蔬品不拘取"。随着太皇太后张氏和杨士奇等人年老多病，宦官势力逐渐膨胀。

明代宦官组织，主要有十二监、四司、八局，合称"二十四衙门"，其中司礼监为宦官总部。朱元璋鉴于历代宦寺之祸，严格限制宦官干预国政，不让宦官识字，并特铸"内臣不得干预政事，预者斩"大铁牌，置立于宫门。明成祖即位以后，开始重用太监，让他们参与军政。明宣宗即位后，又专设"内书堂"教宦官读书识字，且遂为定制，王振就是在这里接受的教育。进入正统朝，宦官势力进一步渗透。操纵朝政、参与司法兵权、宦官世袭，亲属封爵荫官等，皆自明英宗时代开始。

杨士奇
杨士奇（1366年—1444年），江西泰和（今江西澄江）人，他历五朝，在内阁为辅臣40多年，首辅21年，可以说一生见证了明朝由盛转衰。

三杨的末日

宣德十年（1435年）七月，明英宗命宦官王振掌司礼监。王振（？—1449年），蔚州（今河北蔚县）人，略通经书，做过教官，多次应试未举，便自阉入宫。史称王振"狡黠"，善于伺察人意，入宫后很得宣宗皇帝喜欢，被委任为东宫局郎，服侍皇太子也就是后来的英宗皇帝。

王振掌管司礼监之初，表面上佯装对干政不感兴趣，事事顺从，但仍压制不住对权力的欲望，想方设法控制明英宗。他常常私下劝明英宗以重典治御臣下，停止"经筵"，又暗地里广结权贵，培植私党。王振拉拢了锦衣卫指挥马顺，兵部尚书徐晞和王冀。

渗透进明皇朝的特务机构和军事力量后，王振感到羽翼渐丰，开始挑战三杨等人。王振首先攻击杨士

明·铁镀金镂雕龙穿花纹熏炉
中国人很早就开始使用香料，至西汉初期，熏香就已在贵族阶层广泛流行，并有了专门用于熏香的熏炉。宋代以后，熏香文化进入寻常百姓家，特别是明清时代，更是流行。

奇的盟友杨荣。杨荣好收受贿赂，王振就指使锦衣卫找到把柄，欲置杨荣于死地而后快。杨士奇不顾年老体衰，亲自为杨荣向皇帝求情，才免于一死。正统五年（1440年），杨荣回乡扫墓途中去世，一年后，太皇太后去世，杨士奇更加势单力薄，成为王振党羽集中攻击的目标。杨士奇儿子杨稷犯了杀人罪，王振唆使朝臣把罪状加到杨士奇头上，杨士奇只能辞职。正统九年（1444年），面对王振势力的膨胀，杨士奇忧心如焚，积郁成疾而死。这时，三杨之中只剩下杨溥一人。但杨溥的性格，更多的是"狷者有所不为"，而不是"狂者进取"。两年后，杨溥去世，再也无人能阻挡王振专权。

王振持国政

王振打败"三杨"后，开始大肆提拔自己的亲信。他矫诏擢工部官员王佑为工部右侍郎。王佑貌美而无胡须，工于谄媚。有一次王振问他："王侍郎为何没有胡须？"王佑机智应答："老爷所无，儿安敢有。"

王振权力日益增大，派人盗走明太祖"内臣不得干预政事"的禁内臣碑。王振大收贿赂，府、部、院诸大臣执事，在外官员，俱携带黄金贿赂王振。进见金额最低百金起，献千金者可与王振饮酒。官员们如过江之鲫，踏破门槛，都御史陈镒、王文甚至都跪在门前俯首等候。

正统八年（1443年），雷电击倒奉天殿鸱吻，英宗下诏

杨溥
杨溥（1372年—1446年），湖广石首（今湖北石首）人，明朝时曾任内阁首辅，与杨士奇、杨荣并称"三杨"。

明·谢环·杏园雅集图
此图绘于明正统二年（1437年）三月初一日，内阁大臣休假，"三杨"及阁员五人雅集杨荣家的杏园聚会的场景，是当时仕宦生活的真实写照。现藏于镇江市博物馆。

明裕陵残破的明楼
明裕陵位于明十三陵天寿山西峰石门山南麓，是明英宗朱祁镇和皇后钱氏、周氏的合葬陵寝。历经数百年风雨，裕陵的地面建筑已经残破。

求直言，翰林院试讲刘球上言十事。刘球的奏疏引起王振猜忌，不久被抓捕下狱。刘球疏有"太常不可用道士，宜易儒臣"语，而编修董璘自陈愿为太常寺卿，王振以为二人勾结，就逮董璘一同下狱。王振命锦衣卫指挥马顺杀死刘球。马顺带领一名校尉持刀割断刘球颈部，流血至脚，仍屹立不动。马顺肢解了刘球，埋于后院。董璘藏匿刘球的血裙。董璘得释后，密归刘球家。刘家求尸，仅得一臂，只能以血裙葬。

此后，王振诬陷大理寺少卿薛瑄下锦衣卫狱，诬陷其为死罪。薛瑄入狱后，许多人去看望，只见他泰然自若，手捧《周易》专心玩读。薛瑄蒙冤，震动朝野，就连王振的老仆人也为他的这个同乡痛哭不已。王振见众怒难犯，只好做出退让。免了薛瑄死罪，将他削官为民，放回故里。

至此，王振赏罚予夺，无所顾忌，威势日重，明英宗竟然不以为意。北边瓦剌也先已实力大增，又置甘肃行省名号。此时的明朝已经陷入内外交困的局面。

1449年

十四年七月,遂诱胁诸番,分道大举入寇。脱脱不花以兀良哈寇辽东……参将吴浩战死猫儿庄,羽书踵至。太监王振挟帝亲征,群臣伏阙争,不得。

——《明史》

土木之变

"土木之变"是明朝由盛转衰的转折点。是役,明军几十万大军辗转月余,往返奔波,政令混乱,军心颓废,少粮缺水。在王振的带领下,几十万明军屡犯兵家大忌,终于在土木堡被瓦剌歼灭,英宗被俘。

时间
1449年

地点
土木堡(今河北怀来)

参战方
明朝、瓦剌(wǎ là)

指挥官
明英宗、王振;也先

参战兵力
明军:50万人
瓦剌:5万~6万人

结果
明军惨败,王振被诛,英宗被俘

明·云纹金束发冠
2013年10月南京中华门外将军山沐晟墓出土,现藏于南京市博物馆。

麓兵云南

随着太皇太后张氏与杨荣、杨士奇等大臣先后去世与致仕,明英宗渐渐信任宦官王振,开启了明朝宦官擅权乱政的先例,其间发生了麓川叛乱,英宗听任王振,导致军政大事举措失当。

麓川之役发生于正统二年(1437年),麓川宣慰使思任发先后攻打云南各州郡,势甚猖獗,黔国公沐晟奏请发兵征讨。正统三年(1438年)六月,朝廷派右都督方政、都督佥事张荣往云南,协同镇南将军沐晟等率兵进讨。方政违反沐晟军令,独率麾下出战,孤军深入。沐晟怒其不听节制,不发援兵,致方政全军覆没。沐晟率军撤退,亦惧罪暴卒军中。

正统四年(1439年)五月,沐晟之弟沐昂任云南总兵,征兵12万人,进讨思任发。此时,思任发致书沐昂,表示愿向朝廷进贡谢罪。然而王振急于立功扬名,唆使英宗拒绝了思任发的求和,将主张罢兵麓川、专备蒙古的刘球下狱肢解。正统六年(1441年)正月,兵部尚书王骥督军15万,再兴麓川之师。大军历时一年多，伤亡惨重，终于捣毁思任发的老巢，思任发逃窜至缅甸。正统七年（1442），思任发之子思机发再次请求入朝谢罪，王振唆使英宗再次拒绝。王振专权，想干大事，树立威望。于是，明军再次远征麓川，为这个边陲之地动用举国之力。

也先崛起

麓川战事前后历时12年，派兵30多万，死亡超七成。边陲之地消耗了明朝大部分财力和兵力，致使忽略了西北边防，瓦剌势力乘机坐大。明朝用兵云南时，绰罗斯·脱欢率领瓦剌军进攻鞑靼，杀死阿台汗，统一蒙古。正统四年（1439年），脱欢逝世，绰罗斯·也先继承父位，自称太师淮王。大汗脱脱不花空有虚名，实权掌握在也先手里。主臣二人都派使者去明朝进贡，明朝也只得给予双倍赏赐。按照规定，瓦剌使臣每年不得超过50人。也先为了得到更多赏赐，一年之内就派出使者2000多人。而且稍不满足，就制造事端，骚扰边境，明朝所赐的财物也逐年增加。

正统十年（1445年），也先发兵攻打哈密卫，明朝廷只顾南疆战事，对哈密卫忠顺王的求援置若罔闻，坐视也先控制西域要地。也先又和沙州、赤斤蒙古诸卫联姻以加强实力。次年，也先攻破兀良哈，并要求大同镇守太监郭敬供应粮食，英宗与王振也未发兵援助。

明·缂丝孔雀圆补
缂丝丝织业中最传统的一种挑经显纬、极具欣赏装饰性丝织品，织造过程极其细致，存世精品极为稀少。

也先扫除了明朝东西两大屏障，实力大增，准备进犯中原。

王振用师

正统十四年（1449年）七月，也先恩威利诱蒙古诸部，兵分几路大举入侵明朝。辽东、宣府、赤城、甘州、大同相继失守。明朝参将吴浩战死于猫儿庄，败报传至京城。因为有几任皇帝御驾亲征的先例，英宗在好大喜功的王振的唆使下也要御驾亲征。吏部尚书王直、兵部尚书邝埜、侍郎于谦等竭力反对，但英宗和王振执意前往。

七月十七日，英宗命太监金英辅郕王朱祁钰据守京城，兵部侍郎于谦留京代理部务，以太监王振、英国公张辅、兵部尚书邝埜、户部尚书王佐等文武大臣100多人，亲率大军号称50万向西北进发。十八日出居庸关，过怀来，至宣府。随军大臣上百人却没人能参预军政事务，一切军务大权皆由王振定夺。军内人心惶惶，自相惊乱。大军出关，未至大同，粮草已经不足。八月初一，英宗大军至大同，也先主动北撤诱明军深入。王振不知利害，以为瓦剌畏惧天威，坚持纵兵追击。王佐等大臣力谏回銮，王振不听，命其跪在草丛里直到夜黑。这时，镇守大同的太监郭敬从前方逃回，密告王振瓦剌实力强大，王振于是恐惧，下令班师。

土木之变

王振开始打算绕道紫荆关经蔚州回京，目的是让英宗驾幸他在家乡蔚州建造的府邸，以光宗耀祖。正统十四年（1449年）八月十三日，明军行至土木堡，距怀来城仅20里，文武大臣都主张抓紧时间拥英宗入城，而王振贪恋财物，以辎重未至为由，坚持留驻土木堡高地过夜。这个时候，成国公朱勇率骑兵4万回救宣宗，为监军刘僧所误，中埋伏全军覆没。十四日清晨，也先军至，占据了附近唯一的水源。明军饥渴难耐，挖井取水不得，军心沮丧。

都指挥郭懋与瓦剌激战一夜。十五日，也先佯退，遣使与明军讲和。王振见使者来议和，信以为真，急令移营就水，众将力谏未果。明军奔水而去，阵型大乱，瓦剌骑兵四面伏击，明军束手待毙，死伤数10万人。张辅、王佐等大臣勇将力战而死。护卫将军樊忠用棰捶死王振，高呼："吾为天下诛此贼！"最后也英勇就义。英宗在混战中突围不成，下马盘膝而坐，遂为瓦剌所俘。史载，也先见到英宗，想要谋逆，坐骑被雷电击毙，又看见英宗寝幄有异瑞，才不敢妄动。土木堡惨败，皇帝被俘，精锐尽失。明军元气大伤，也先则更加野心勃勃，欲攻取北京，扩大战果。

述土木之难（节选）

正统己巳秋，敌骑忽寇边。
声息一何急，顷刻数十传。
当宁乃震惊，奸臣擅其权。
悍然挟天子，六师听周旋。
廷臣既失措，将士俱茫然。
乘舆不自御，疏留行愈坚。
岂思帝王举，为谋出万全。
奸心欲逞威，制胜当谁先。
况彼承平久，斗志良已捐。
战阵既不习，安能事戈铤。
秋高朔马骄，故势方控弦。
我师虽百里，无异群羝联。
土木一以围，裸体相摩肩。
前途尽倒戈，甘心丧其元。
——明·李贤（原德）

明·剔红云凤纹盏托
黄漆素地上雕红漆花纹。这件盏托饰花卉纹、凤鸟纹,精美至极。清宫旧藏,现藏于北京故宫博物院。

1449年

侍讲徐珵言星象有变,当南迁。谦厉声曰:"言南迁者,可斩也。京师天下根本,一动则大事去矣,独不见宋南渡事乎!"王是其言,守议乃定。

——《明史·于谦传》

北京保卫战

土木堡之变使明朝精锐尽失,残兵败将退守京师,一时人心惶惶,甚至有大臣主张放弃北京,迁都南京。于谦挺身而出,"目视指屈,口具章奏,悉合机宜"。于谦不但没有收兵入城,反而陈兵城门之外,与也先决战。

时间
1449年8月16日—11月8日

参战方
明军、瓦剌军

双方指挥官
于谦、也先

瓦剌战术
挟持太上皇、伺机而动

明军战术
依城为营,以战为守,分调援军,内外夹击

结果
瓦剌军退出塞外,京师解除危机

王竑
王竑(1413年—1488年),字公度,号休庵,湖北江夏(今属武汉)人。土木之变后率众击毙王振党羽锦衣卫指挥马顺,名震天下,也先入侵时又受命守御京城。

英宗被俘的消息传至京城,朝野震动,群臣痛哭。翰林院侍讲徐珵托言星象有变,建议迁都南京。兵部侍郎于谦厉声斥责徐珵说:"言南迁者,可斩也。"礼部尚书胡濙、户部尚书陈循等重臣均附和于谦。于是,孙太后命郕王朱祁钰监国,升任于谦为兵部尚书。郕王摄政朝议,右都御史陈镒请求族诛王振,群臣响应。郕王一时不决。王振党羽锦衣卫指挥马顺当堂叱骂群臣,户科给事中王竑仗义出手猛击马顺,众人一拥而上,马顺血溅当场,又打死王振同党宦官毛贵、王长随。郕王恐惧欲走。于谦挺身拦住郕王,请其宣布"马顺等罪当死,众人俱不论罪",于是诛灭王振家族。

九月初,群臣请皇太后准议,拥朱祁钰即位,是为明景帝,遥尊英宗为太上皇。景帝授于谦"提督各营军马"的重任,统领在京明军。于谦受命于危难之际，指挥若定，布置得当。严惩贪生怕死者，嘉奖有功之臣，鼓舞士气；改革"三大营"为十个团营，以便防御；又发动群众把通州数百万石储备粮运到北京，下令预支半年饷禄，人心大振。

十月初九日，也先瓦剌军在叛降宦官喜宁的引导下，绕小路攻破紫荆关，直抵北京城下。于谦将20余万大军列阵京城九门之外迎战，并以重兵伏于德胜门。也先原以为有机可乘，却见京师防卫森严，很是沮丧。也先企图用议和迎驾之计擒获明军主将，被景帝和于谦识破。十三日，瓦剌向德胜门发起猛攻，遭遇右都督石亨阻击。明军以骑兵佯败诱敌进入埋伏，神机营火器齐发，瓦剌军大败，也先之弟"铁元帅"孛罗、平章卯那孩被明军火炮击毙。

也先转而进攻西直门，明军守将都督孙镗率军迎战，神机兵发火炮助战，瓦剌不断增兵，孙镗退却至城下，背靠城池拼死力战，明军援兵赶到，瓦剌被迫撤退。瓦剌又进攻彰义门，副都督武兴率兵迎战击退瓦剌军前锋，此时明军阵中的监军太监率人冲出争功，瓦

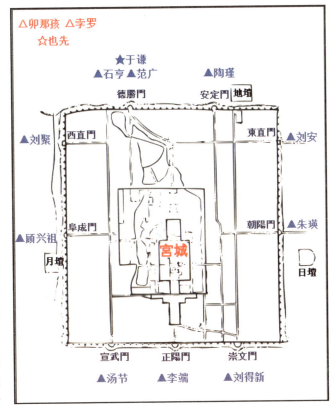

明朝京师保卫战布局图（1449年）

剌军乘机反攻，明军败退，武兴中箭身亡。瓦剌军追至土城，城内居民踏上房顶以砖石迎战，于谦派援军赶到，瓦剌军仓皇败退。

十月十五日，也先攻城五日不下，听闻各地援军赶到，恐腹背受敌，遂挟持明英宗撤退。也先军队撤退时，又被明军火炮轰击，炸死万余人。瓦剌军撤退时沿途烧杀抢掠，又在清风店（今河北易县西）和固安遭明军痛击。也先一路狂逃，撤出紫荆关，退往关外。明军取得了北京保卫战的胜利。

种类繁多的明代火器

"夷虏所最畏于中国者，火器也"。明代是火器大发展的时期，火器种类繁多，构造精密。继火枪和巨炮之后，出现了类似于导弹、地雷、水雷的新发明，还出现了新型军事建制和军事理论。

● 火枪

为解决装填及射击速度慢的问题，英宗正统十四年（1449年）造出两头铳，可旋转连放，后来又创制出夹把铳、二眼铳至十眼铳等多管或多节铳。景泰元年（1450年），辽东戍军手把铳木柄上安装了剑枪，可说是近代安装制式刺刀的先声。

铁铳

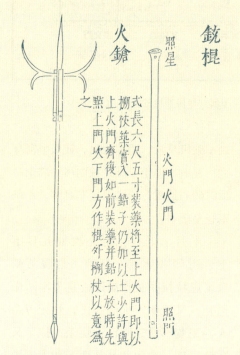

铳棍、火枪
这是明代百科式图录类书《三才图会》中的插画，该书记录武器，有绘图，有论说，图文并茂，相为印证，为今人形象地了解和研究明代武器提供了珍贵资料。

嘉靖二十七年（1548年），明军缴获了日本鸟铳，并仿制成功。鸟铳不适宜阴雨天使用，且无刺刀，不利近战。火器专家毕懋康在《军器图说》中首次介绍了燧发枪，称之为自生火铳，这种枪的优点在于"风雨不飘湿，缓急皆可应手"。

名将戚继光发明了被称为"五雷神机"的转轮枪。使用时二人一组射击，一人支架，转动枪管，一人瞄准射击。各口都有准星，柄上装照门。转瞬之间，可轮流发射。

神宗万历二十六年（1598年），火器专家赵士桢仿制了单管火绳枪噜密铳，枪体轻便，在铳内安装了机械回弹的枪机，铳尾部还装有刀，以备近战之需。他发明的鹰扬炮，可以安在战车之上，用"水溜"冷却，大大延长了连续作战的时间。他还发明了掣电铳和迅雷铳，均能连续发射，迅雷铳已近似近代多管式机关枪。赵士桢所著《神器谱》中还记载了外号"九头鸟"的抬枪，威力巨大。发射时须两人配合，一人在前用肩部充当支架，另一人瞄准发射。

火炮

戚继光军中大量装备了虎蹲炮。结构简单，机动灵活，便于山地作战。前装弹药，以仰角发射，与当今迫击炮有异曲同工之处，可用于野战和攻坚。嘉靖元年（1522年），明军缴获葡萄牙战船，获得佛郎机炮，并很快仿制成功。到明朝末年，从西方获得了红夷大炮。它号称将军炮，射程将近2千米，精度很高，袁崇焕在宁远大捷中用红夷大炮重伤努尔哈赤。

火箭

明朝的火箭技术也取得大发展。《武备志》记载，明朝研制了叫作"飞空砂筒"的返回式火箭，爆炸伤敌之后，又可以起火发动退回本营，"敌人莫识"。《武备志》还记载了一种叫"火龙出水"的二级火箭，射程达1.5千米，可用于攻击敌舰。《武备志》记载的"飞空击贼震天雷炮"，两旁各安风翅一扇，攻城时，"顺风点信，直飞入城"，可以说是导弹的雏形。

"架火战车"模型
中国明代用来发射火箭的手推战车，是早期的多管火箭炮。利用独轮车装载和发射火箭，发射筒上方的棉帘，可放可卷，可保护炮手。车的两侧还装有火铳和长矛各两支，以配合火箭炮来杀伤不同的目标。

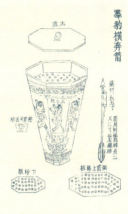

群豹奔横箭的图示与解说
自明代军事著作《武备志》。群豹奔横箭是明代创制的多发火箭，在一个上大下小的匣子内放置上下隔板，装置水箭40支，箭杆为荆木，长二尺三寸，箭翎后加小铁锤，药筒长五寸，引线连接在火门之外，点燃后可齐发，射程达400余步。

地雷和水雷

嘉靖年间，三边总督曾铣发明了一种能自动爆炸的地雷。这种地雷可以在地下埋伏好几天，敌人碰到地面的发机，地雷爆炸，"敌惊以为神"。此后又相继发明了各种样式的地雷十多种。万历时期发明了叫作"混江龙"的水雷，"索机一动，其中自发，敌舟行过，遇之则败"。

1457年

有贞升屋览乾象，蹶下曰："时至矣，勿失。"……亨掌门钥。夜四鼓，开长安门纳之。既入，复闭以遏外兵。时天色晦冥，亨、轨皆惶惑，谓有贞曰："事当济否？"有贞大言"必济"，趣之行。

——《明史》

英宗复辟

朱祁钰病重之际，已无子嗣，皇位理当归还朱祁镇一系，原本可以和平交接，却被小人乘机利用。石、徐等人竭力渲染自己的功劳，唆使英宗报复滥杀，以达到自己的目的。夺门之变，是一场最无意义的皇位之争。

别名
夺门之变、南宫复辟

时间
1457年正月

缘由
石、曹等人认为，正常传位，他们无功，拥太上皇夺位，奇功一件

人物
石亨、徐有贞、曹吉祥

结果
英宗复辟，废景帝，杀于谦

影响
于谦冤死，整顿国防前功尽废，官员内斗加剧，明朝统治危机越发严重

也先退回塞外后，看明朝君臣固守，手里的王牌朱祁镇失去了利用价值，又丧失了与明朝贸易的机会，无奈之下，只得于景泰元年（1450年）六月，遣使与明朝议和，表示愿送回英宗。明景帝顾及皇位，不愿接回英宗，在于谦的劝说下，最后应允。在中国历史上，汉族皇帝被外族掠去，又被无条件释放回国，这是第一次。八月十五日，景帝派侍读商辂率一轿二马将朱祁镇迎回北京，进东安门，举行授受帝位仪式后，立马把朱祁镇送进南宫禁锢起来，还派锦衣卫严密监视他，不许任何人与其联系。

明代宗朱祁钰
朱祁钰（1428年—1457年），明宣宗朱瞻基次子。在位期间，知人善任，起用于谦等正直之人，励精图治，选将练兵，击退了瓦剌的入侵。英宗返回北京后害怕他复辟，将其软禁于宫中，以锦衣卫严密控管。夺门之变爆发，明英宗复位后将其软禁于西苑。

景泰八年（1457年）正月，景帝病重卧床，由于景帝之子早夭，于谦等大臣奏请复立英宗之子沂王为皇太子，景帝犹豫未决。十二日，景帝召武清侯石亨至病榻前商议事情，石亨见景帝病势沉重，就假装一切答应。石亨回去后与同党都督张𬭎、太监曹吉祥谋议，认为如果按正常情况传位沂王，自己不会有什么功劳，不如请太上皇复位，可得大功。石亨等人去找太常寺正卿许彬商议，许彬一听就说："这是不世之功。但是我老了，你们去找徐有贞。"石亨连夜去找左副都御史徐有贞（徐珵）。徐有贞听了兴奋异常，又让宦官曹吉祥进宫去见孙太后。

几人在徐有贞家里密谋行动计划。徐有贞观天象，说"帝星有变，是时候了"，约定十六日夜动手。徐有贞与家人诀别："我若能回来，还是人；我若回不来，就已经为鬼了。"那天夜里天色漆黑，石亨、张𬭎疑惧，问徐有贞大事是否能成，徐有贞说："必成。"四更夜深，开长安门，率兵千人直奔南宫。宫门上锁砸不开，徐有贞命军上悬巨木撞开门墙，扶朱祁镇登辇，入东华门，至奉天殿升座。徐有贞等人叩拜高呼万岁，石亨敲响钟鼓，召集群臣。群臣本要于这日上朝议太子事，见英宗在位，惊愕不已。徐有贞大呼"太上皇复辟了"。史称"夺门之变"。

英宗复辟后，改年号为天顺。次日，便以谋逆罪杀兵部尚书于谦、吏部尚书王文，弃市籍家。英宗本不想杀于谦。徐有贞必欲置于谦于死地而后快，振振有词地说："不杀于谦，此举为无名。"功高盖世、忠君爱国的于谦，就这样成了小人弄权的牺牲品。而多年前的罪魁祸首王振，英宗对他竟然思念不已，在北京智化寺为他立像树碑。

石灰吟

千锤万击出深山，
烈火焚烧若等闲。
粉身碎骨全不顾，
要留清白在人间。

——于谦

明·掐丝珐琅荷花鸳鸯图盘
通体施浅蓝色珐琅釉，掐丝荷塘纹，鸳鸯生动，色彩明亮。明代是景泰蓝发展的一个井喷时期，短短百年间，不论是制作工艺还是材料的进展都非常快，究其主要原因，是皇帝将景泰蓝视为皇家独享之物。

1458年—1460年

瑾被执，逃归，嗣侯。英宗尝欲使瑾守甘肃，辞曰："臣，外人，若用臣守边，恐外裔轻中国。"帝善其言，乃止。曹钦反，瑾与从弟琮闻变，椎长安门上告。门闭，钦攻不得入，遂纵火。瑾将五六骑与钦力战死。赠凉国公，谥忠壮，予世券。

——《明史》

曹石之变

英宗复辟之后，曹吉祥、石亨获得高官厚禄，但他们欲壑难填，图谋不轨，而英宗也认识到自己被曹、石利用，开始命锦衣卫调查他们。曹吉祥等人不愿束手待毙，黎明时分，战斗在紫禁城里打响了……

时间
1458年—1460年

起因
英宗逐渐发觉"夺门"的真相，认识到石、曹等人的真实面目；石、曹恶行逐渐暴露

战斗
皇城门之战

谋反派
石亨、石彪、曹吉祥、曹钦

保皇派
逯杲、孙镗、吴瑾、马亮

结局
石、曹伏诛

石、曹专权

英宗大封"夺门"功臣，徐有贞被拜为华盖殿大学士、兵部尚书，封爵武功伯；石亨被封为忠国公；张𬭎（yuè）封为太平侯；曹吉祥提升为司礼太监、总督三大营。明英宗对徐有贞、石亨和曹吉祥恩宠无比，视为心腹，言听计从。徐、石、曹等人，分据要害，操生杀之大权，处处以"功臣"自居，不可一世。石亨亲属数十人被授予卫所指挥、千户、百户，曹吉祥的侄辈数人成为都督，甚至封侯。石亨大肆冒领军功，为部下4000余人冒领功赏，各地守将愤愤难平。巡抚大同的都御史年富由于不投附石亨，被投进锦衣卫狱。英

李贤
李贤（1408年—1467年），字原德，谥文达，河南邓州长乐林（今邓州市孟楼镇长乐岭）人，进士出身，明朝重臣。为官清廉正直，政绩卓著，是明朝历史上难得的治世良臣之一。

宗觉察到年富是被石亨的侄子石彪陷害，最终年富虽被释放，但却不得不解甲归田。

这时，徐有贞担任内阁首辅，也想扩大势力，而与石亨发生利益冲突。石亨和曹吉祥肆意侵夺民田，遭御史上书弹劾。二人认为是徐有贞和李贤幕后主使，就嫉恨他们。石亨与曹吉祥在皇帝面前猛烈攻击徐有贞，御史也多次上书揭露石亨和曹吉祥的违法事端。于是英宗对这三人都有了看法，转而信任李贤和专为自己刺事侦缉的锦衣卫指挥使门达、指挥佥事逯杲（lù gǎo）。

此时锦衣卫指挥使门达正依附于曹吉祥和石亨。门达上书英宗，称都御史耿九畴党附首辅徐有贞和大学士李贤，唆使御史诬陷石亨。太监曹吉祥乘机跪地诉苦，声泪俱下。英宗又相信了石亨和曹吉祥，将徐有贞和李贤降职。李贤被贬为福建参政，还未赴任，吏部尚书王翱上奏推举说李贤可当大任，英宗遂留下他为吏部左侍郎。过了一个月，恢复尚书之职仍入内阁当值。石亨知道英宗向着李贤，很是愤怒。

李贤得到英宗信任，也趁机开导英宗。英宗和李贤谈到夺门之功。李贤说："'迎驾'还说得过去，'夺门'

二字，如何能传示后世？陛下顺应天命，收复尊位，岂可曰'夺'？当时有人邀我参与此事，我没同意。"皇帝

明·戴进·仿燕文贵山水图
立轴，纸本墨笔，现藏上海博物院。描绘了山水景致。燕文贵是北宋画家，其画刻画精微，笔法峭丽，境界雄浑，有"燕家景致"之称。后世有很多画家仿其作品。戴进这幅画虽名为"仿燕文贵山水图"，但笔墨形式、风格其实与燕文贵迥异，景致简略，清幽迷蒙。

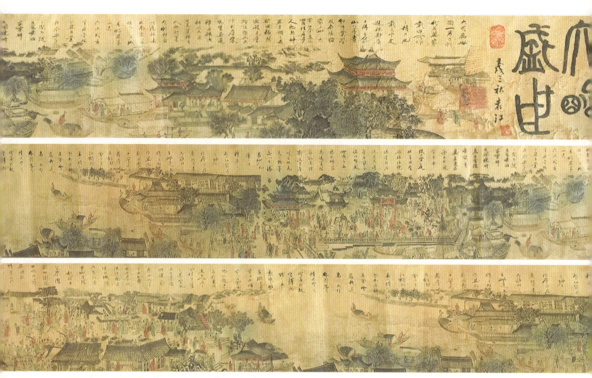

明·戴进·大明盛世图（局部）

绢本，题跋"大明盛世"，落款"袁江"。戴进创作的这幅长卷描绘了宣德八年（1433年）春，以南京夫子庙为中心的明朝秦淮风光。当时，南京久旱。7岁的皇太子朱祁镇（明英宗）随父亲、明宣宗朱瞻基，生母孙皇后，弟弟朱祁钰（明代宗）巡游夫子庙。成画的时间是明英宗正统七年（1442年）。

很吃惊，问他缘故。李贤说："景皇帝卧病不起，群臣自当上表请陛下复位，名正言顺，水到渠成。有些人却想借机生事邀功。但万一事败，置陛下于何地？"英宗渐渐悟出于谦是被冤的，而"夺门"不过是场投机。此时石亨依然恃宠不法，英宗越来越厌恶他，命锦衣卫逯杲秘密调查石亨。

恶行败露

天顺二年（1458年）三月，石亨的心腹、兵部尚书陈汝言的贪污罪被揭发，搜出巨额财物。英宗皇帝联想起于谦的清贫，痛心地说："于谦受宠于景帝一朝，死时家无余货；而今陈汝言做尚书不到一年，竟受贿如此之多。"一旁的石亨赶忙免冠跪伏谢罪。

天顺三年（1459年），大同总兵官向朝廷密报定远侯石彪野心勃勃，图谋不轨。英宗决定将他调任回京，但石彪心怀不轨，不愿离开军事重地大同，就暗中布置心腹将领到皇宫前请愿，乞留他镇守大同。逯杲很快洞察其奸，皇帝下令逮捕石彪，关入锦衣卫狱。石彪在狱中遭到严刑拷打，只得承认自己心怀二心，又牵连出其叔父石亨。皇帝念石亨立有军功，宽恕其罪，削其官籍，责令回乡。

石亨得势的时候，就想学陈桥兵变。一次退朝，回到私邸，石亨对心腹卢旺、彦敬说："我这高官厚禄，以后给你们。"石亨的门客瞽（gǔ）人童先向他出示神秘的妖书，书上写道："唯有石人不动。"童先多次劝石亨举兵起事。石亨却不着急："这事不难。只等人都到位了，再起事不晚。"

石亨被罢去一切兵权和职务后，这才急着谋变，但实际上他已经处于软禁状态，他的行为很快被锦衣卫密探掌握。天顺四年（1460年）正月，京师出现彗星。逯杲密奏皇帝，石亨密谋不轨，皇帝下旨逮捕石亨到锦衣卫大狱。一番严刑拷打之后，石亨惨死狱中，石彪被斩于市，其门客童先等人全被处死。

掌印太监曹吉祥虽未受石亨牵连，但他已经预感到自己时日无多，于是和侄儿曹钦等人密谋最后一搏。曹吉祥早就笼络了一批蒙古降丁武勇和众多食客。早在曹吉祥权势如日中天时，曹钦就曾问食客冯益："自古以来，有宦官子弟做天子的吗？"冯益回答："你们曹家就有，魏武帝曹操是宦官后代。"曹钦听了非常高兴，蓄谋异志，等待时机。

曹吉祥指使他的党羽、掌管钦天监的太常少卿汤序观天象择定日期，决定在当月庚子日黎明时分发动叛乱。计划由曹钦拥500名精兵入宫，曹吉祥率领禁军接应于内。事发前夜，曹钦与其党羽在曹宅集合准备夜深行动。当时，兵部尚书马昂、总兵官孙镗二人总领京师团营，正准备率禁卫军西征甘、凉。

密谋事泄

天顺五年（1461年）六月某日晚，曹钦大摆宴席，聚集党羽，一切准

明·红地描金缠枝莲纹箱
红漆描金品种，工艺复杂，先髹红漆为底，再以黑漆描绘纹饰，最后施泥金在黑漆上绘色，形成金碧辉煌的效果。此箱上菱花形铜面叶、如意头拍子均很工整精细。

备妥当，只等三更以后动手。深夜二更时分，蒙古降将都指挥完者秃亮、指挥马亮悄然离席，迅速赶到朝房密告恭顺侯吴瑾。吴瑾立即报告总兵官孙镗。孙镗急赴长安右门，无法入内，便在纸上急书"曹钦反"从门缝投入，急令守卫速传宫中。英宗深夜闻变，命人紧急逮捕曹吉祥，命令皇城卫士紧闭各门，不许开启。

曹钦对此一无所知，与其弟曹铉、曹镉、曹铎率领精锐卫士来到东长安门，只见皇城门户紧紧闭锁。曹钦顿时惊惧，料想事情败露，转身驰往死对头逯杲的私宅，将逯杲杀死碎尸。接着又驰入西朝房，砍杀与之有仇的都御史寇深。曹钦抓住李贤等人，逼他们写疏章诉逯杲罪状塞进城门给皇帝。

宫门依旧紧闭，曹钦率领亡命之徒攻打长安左门和右门，又纵火烧门。叛军往来呼叫于门外，以助声势。曹钦骑在马上，几番往返，欲杀李贤，最终领兵去追索兵部尚书马昂。这时，天已放亮。孙镗召集了2000名征西将士，衣甲齐备，全副武装，捉拿曹钦。工部尚书赵荣也披甲跃马召集数百人来战。

曹钦没能攻开长安左门，转而又去攻打皇城东门东安门。叛军点燃了东安门，火势凶猛，但仍然无法进入。

东安门遗址
东皇城墙始建于明永乐十八年（1420年），东安门是东皇城墙的一处门，官员上朝都由东安门进宫。

孙镗统领京营禁卫军追杀过来，叛军抵挡不住，稍有溃散。曹钦仍顽固反抗。曹镕统领手下人马接战。孙镗指挥禁卫军发动猛攻，叛军溃败。中午时分，曹镕被杀，曹钦中箭负伤，策马奔逃。吴瑾带领五六名卫士也参与平叛，在路上遭遇曹钦人马，吴瑾等人寡不敌众，全部被杀。

曹钦多处负伤，困兽犹斗，率残兵返回其驻地东大市街。曹铉率领100余名骑兵左冲右突，与禁卫军做最后较量，一次次击溃禁卫军的进攻。双方战至夕阳西下。孙镗在后督战，亲发神臂弓远远地射杀曹铉将士。禁卫军再次发动攻击，追杀曹铉。孙镗的儿子孙辄砍中曹钦肩膀，自己却被曹钦卫士杀死。曹钦感到大势已去，收拾兵马试图逃走。夜雨突至，曹钦乘乱窜归。孙镗率禁卫军追杀，兵部尚书马昂、会昌侯孙继宗也统领禁卫军增援，喊声震天。禁卫军攻入曹氏府第，曹钦投井自尽，曹铎死于刀下，曹宅家中大小被杀光。

英宗临御午门，宣布太监曹吉祥谋反，关入都察院狱中详审，第二天将他弃市凌迟。七月初五，磔曹吉祥于市，灭其族。初八，再磔曹党汤序等人，皆籍其家。七月十二日，列曹、石诸人罪状，诏示天下。至此，"夺门"二大功臣，贬二死。

明·金地缂丝凤纹方补

补子是补缀于官服前胸后背上的一块织物，亦是明朝品官服饰制度的一个重要特征。在皇宫服饰中，龙为皇帝专用，凤则为皇后所用。

明·锦衣卫木印

木质印信，有部分裂纹，印面边宽11.5厘米，印面厚1厘米，通高4厘米。印面篆刻"锦衣卫印"，背面刻"成化十四年三法司置"。三法司指刑部、都察院、大理寺分典刑狱，三个机构互相制约，如遇重大要案，由三法司会审结案。这枚木印是三法司会同刻制的。现藏于中国国家博物馆。

1477年

自诸王府边镇及南北河道，所在校尉罗列，民间斗詈鸡狗琐事，辄置重法，人情大扰。直每出，随从甚众，公卿皆避道。兵部尚书项忠不避，迫辱之，权焰出东厂上。

——《明史》

汪直掌西厂

汪直是幸运的，他被从战场捡起，送入宫中做了太监，少年时就执掌西厂，权倾天下。之后又适时地突遭变故，跌落凡尘，被贬南京，20岁出头就远离纷争，得以善终。

别名
汪厂公

职业
太监、厂公、监军

成就
掌西厂，宁北疆

民族
瑶族

结局
贬官南京，善终

逸事典故
纸糊三阁老，泥塑六尚书

掌西厂

天顺八年（1464年），18岁的太子朱见深奉诏即位，是为明宪宗，诏改翌年为成化元年（1465年）。成化十二年（1476年），宫中出现黑眚和行巫术之事。明宪宗想了解外面的真实情况，就命令太监汪直微服侦察。汪直（？—1487年），云南瑶族人，大藤峡叛乱瑶民的后代，被明军收留，送进宫中。汪直在外访得不少见闻，报告给明宪宗。成化十三年（1477年）正月，明宪宗建立西厂，由汪直统领，此时汪直只有十五六岁。

汪直的西厂一开张，便办了数起大案，令臣民惊悚不已。已故少保杨荣曾孙、福建建宁卫指挥同知杨华惨害人命，被汪直关进西厂监狱严刑拷问致死，并牵连多位大臣。汪直手下党羽众多，上自王府下至边镇，无处不有，

明宪宗朱见深
朱见深（1447年—1487年），明英宗长子。在位初年任用贤明，政局清明，宽免赋税、减省刑罚，社会经济渐渐复苏。但宠信万贵妃后，重用宦官，政治晦暗。

民间斗鸡骂狗的琐事，也会招致惩罚。西厂的权势很快超乎前辈东厂之上，而汪直年幼，"未谙世事"，横冲直撞，让大臣们头疼不已。

西厂设立没多久，内阁首辅商辂等人就联合六部九卿请罢西厂。宪宗只得令罢西厂，罪责汪直。一个月之后，御史戴缙、王亿倡言恢复西厂。西厂重开，仍由汪直执掌。商辂等人致仕离开朝廷，而与汪直交好的朝臣得到升迁，其中巡抚王越升任兵部尚书兼左都御史学院事，陈钺为右副都御史巡抚辽东。王越进士出身，虽然巴结汪直，为人所不齿，却是难得的军事人才。王越长期在北境总督军务，性情豪爽，善于用人，得到部下拥护。《明史》中说，"王越在时，人们都责备他贪功。但等他离开了，北方将士懒惰懈怠，冒功贪饷，再也找不到比得上王越的。"

一时间，汪直势倾天下，其威风甚至超越了皇帝本人。当时的御史徐镛曾说："今天下之人，只知有西厂而不知朝廷，只知畏汪直而不知畏陛下。"由于汪直大权在握，内阁、六部大臣都要看他脸色行事，以至于被人们戏称为"纸糊三阁老""泥塑六尚书"。

守北境

汪直权势的增长受到普遍注意。善于诙谐表演的中官阿丑穿着汪直衣冠，持双斧行，并说："吾将兵，仗此

明·朱见深·达摩图
明宪宗朱见深的作品，纸本，设色，画上方有"成化庚子，御笔戏写"的款字（可能是宪宗臣子代写的），并钤盖有"广运之宝"玺印，由此可知是明宪宗33岁时创作。现藏于中国台北"故宫博物院"。

两钺耳。"两钺，指汪直的亲信王越和陈钺。宪宗看了，开始疏远汪直，派他外出，总镇大同、宣府等处。不足20岁的汪直镇守北方边境期间，又屡立军功，得到宪宗赏赐。

成化十五年（1479年），建州女真首领伏当加声言犯边，宪宗令汪直监军，很快平定了建州。宪宗赏汪直加食米三十六石，总督十二团营，开明代禁军专掌于内臣之先河。

成化十六年（1480年），鞑靼侵占河套。宪宗令汪直监军，王越和保国

明·佚名·宪宗消闲调禽图
御花园中，小太监手拿鸟笼，明宪宗玩赏着笼中小鸟。现藏于中国国家博物馆。

公朱永统兵北征。明军趁雪夜出击，获大胜。达延汗巴图蒙克（小王子）仅以身逃，达延汗的妻子、蒙古传奇女英雄满都海战死。此役后，王越功封威宁伯，成为明朝仅有的三位以战功封伯的文臣之一，汪直加食米四十八石。

成化十七年（1481年），鞑靼军入大同境剽掠，汪直等分布官军截杀，追至黑石崖等处获胜。宪宗给汪直一下子加了三百石，前所未有，创有明一朝纪录。这一年，安南侵老挝，兵败。汪直意欲乘机收复安南，令兵部找出以前安南的文牍。兵部官员刘大夏将其藏匿，不肯交出。汪直只能作罢。

贬南京

三月，内阁首辅万安上疏请罢西厂，宪宗同意。西厂一罢，意味着汪直失势。成化十九年（1483年）五月，汪直驰书上奏，鞑靼可汗小王子打算结军来犯，请求京营官兵支援，兵部不允。

六月,巡抚郭镗上奏,汪直与总兵官许宁互生嫌隙。八月,宪宗怪罪汪直,削去兵权,调任南京御马监太监,之后又被弹劾降为奉御。汪直走后,许宁等人消极抵御,中小王子之计,明军死伤数千,险丢大同。朝臣都知道不该调走汪直和王越,害怕宪宗责怪,齐心合力把败仗之事瞒了下来。直到一年后,才有人将实情报给了宪宗。宪宗大怒,欲杀许宁、郭镗等人,后改为各降官六级,永不起用。

汪直作为一个出身低微的小太监,得权势之时难免让群臣不服。但他执掌西厂时,确实为宪宗刺探了不少真实情报。《明史》记载,嘉兴知府杨继宗非常廉洁,进京入觐时,汪直想去拜见他,杨继宗却不见。宪宗问汪直:"朝觐官孰廉?"汪直回答说:"天下不爱钱的,唯杨继宗一人。"杨继宗得罪了中官张庆,张庆之兄张敏在司礼监,多次在宪宗面前说杨继宗坏话。宪宗反问:"莫非是那个不贪一钱的杨继宗?"张敏吓得赶紧给张庆写信说:"善遇之,上已知其人矣。"

兵科给事中孙博弹劾西厂。汪直听说后,非常生气,把孙博召来面加诘问。岂料孙博理直气壮,侃侃而谈。汪直大为敬服,于是向宪宗奏请孙博为西征记功官,随军出征。众人都替孙博着急,孙博开始也是假意应付。但威宁海之役后,孙博服了,也上奏皇上赞扬汪直,并且与汪直同功受赏升职。

明·佚名·宪宗行乐图
此画卷又名《宪宗行乐图》,出自明代宫廷画师之手。署成化二十一年(1485年)仲冬吉日。展现了明代宫廷在宫内设街市,模仿民间习俗放爆竹、闹花灯、看杂剧的情景。正月十五,明宪宗在皇宫里庆赏元宵节,这一天从早至晚的各种节目,场场均有宪宗在场。

> 1505年—1521年

正德十四年十二月乙子卯，上至仪真。时上巡幸所至，禁民间蓄猪，远近屠杀殆尽，田家有产者，悉投诸水。是岁，仪真丁祀，有司以羊代之。

——《明武宗实录》

荒嬉无度的明武宗

贪杯、尚武、无赖，怎么看都不像是一个皇帝。有人说，这才是一个有血有肉的人，不把皇帝的尊贵放在眼里，追求自由奔放的生活，浑身流淌着任性和不羁的血液。甚至还有人说，他是一个藐视封建礼教，追求个性解放的人。

化名
朱寿

在位时间
1505年—1521年

主要成就
应州大捷、诛杀刘瑾；
平宁王叛乱、平定安化王叛乱

庙号
武宗

谥号
毅皇帝

封号
威武大将军、镇国公、太师、大庆法王

逸事典故
郑旺妖言、《梅龙镇》、欲将朕比晋惠乎

太子英明

明武宗即朱厚照，孝宗长子，母张氏。武宗一出生便受青睐，"睟质如玉，神采焕发"，貌似太祖高皇帝。他诞生的时辰好，按照时、日、月、年的顺序读就与地支中的"申、酉、戌、亥"的顺序巧合，在命理上称为"贯如连珠"，主大富大贵。而且当年张皇后梦白龙入腹而生朱厚照，按照传统的说法，白乃西方之色，为兵象。武宗"性聪颖，好骑射"，孝宗一心想把他培养成为太祖朱元璋一样英明神武的旷世圣君，所以对武宗骑射游戏颇为纵容，这也养成了武宗日后尚武的习气。

少年时代的朱厚照，仁厚聪明，知书达理，精通梵文，平易近人，

明武宗朱厚照
明武宗（1491年—1521年），追求个性解放，刚毅果断，弹指之间诛刘瑾，平安化王、宁王之叛，应州大败小王子，是极具个性色彩的皇帝。

康陵明楼
康陵是明十三陵中的一座陵寝，位于北京昌平天寿山陵区莲花山东麓，是明武宗朱厚照和皇后夏氏的合葬陵墓。

有一代明君气象。他勤奋好学，每逢讲读，一坐就是一个时辰。他又通情达理，"讲官退，必张拱致敬，作揖送状"。如果因故不能出席，必向左右询问："某先生今日安在耶？"

沉湎豹房

朱厚照应该成为一个很好的皇帝，但在身边太监以刘瑾为首的"八虎"引导下，贪玩的天性逐渐占了上风。弘治十八年（1505年），15岁的朱厚照即位，年号正德。朱厚照开始了他的帝王生涯，但皇宫的庄严，皇帝的尊贵，他都不放在眼里。皇宫不过是他的"百乐场"。他遍游宫中，架鹰犬、观歌舞、为角抵、蹴鞠之戏。他又常搞恶作剧，跳猿骗马，斗鸡逐犬。每至奉天殿，便以猴坐犬背，突放爆竹，猴犬惊走。

他还与宦官们开设酒家，前挂一对联："天下第一酒馆，四时应饥食店"。当时宫中还开设宝和等六店，武宗扮作商人，与六店贸易，手持账本，叫嚷讨价，生意做累了就睡在酒馆里。

正德二年（1507年），武宗在宫城西侧兴建宫殿数层，勾连栉列，称为豹房。开始，他只是白天在豹房戏耍，不久，就把豹房当作常居之所，称作"新宅"。豹房多构密室，有如迷宫，又建有妓院、校场、佛寺，甚至养了许多猛兽，豹子尤多。一日，武宗在宫中搏虎，虎向前逼迫，形势危急，豹房玩伴江彬冲上解围，武宗却说："我自己能对

明·剔红庭院人物纹捧盒

剔红是中国漆器工艺的一种，又称雕红漆，红雕漆。此技法成熟于宋元时期，发展于明清两代，常以木灰、金属为胎，在上面层层髹红漆，少则八九十层，多达一二百层，至相当的厚度，待半干时描上画稿，然后再雕刻花纹。

付，哪用你。"但由此特别宠幸江彬。

在江彬的怂恿下，武宗调辽东、宣府、大同、延绥四镇军士入京，在皇宫内早晚操练，喊声、炮声达于九门。各镇领兵官被武宗收为义子，赐国姓。又令军士加衣袍于铠甲之上，市井细民无不效仿，号称"时世装"。诸领军则竖天鹅翎于遮阳帽上，以为贵饰。

正德九年（1514年）正月，宫中元宵节放烟花，不慎失火，殃及乾清宫。武宗在乾清宫内堆放的火药，很快被烧为灰烬。武宗正往豹房玩耍，见火势正旺，就回头赞叹说："好一棚大烟火啊。"

多情好色

最初，年少的武宗并未被异性吸引，他宁愿和小宦官们在一起玩乐，很少去后妃住处。后来，锦衣卫于永向武宗进献西域歌伎12人，歌舞昼夜不止。他又劝武宗召西域籍勋臣家眷入宫，声称教舞，而择其貌美者留之。在宦臣近侍的诱导之下，武宗开始流恋女色。

传说武宗在外巡途中见一村妇，即令车载带回宫中，而且赋词一首。一次武宗出巡看上了酒店老板的妹妹凤儿，于是就纳凤儿为妃，并封凤儿的哥哥做官。谁知凤儿无福消受，在返京途中病死，武宗非常悲痛。不久，武宗就遇上了他的真心人刘良女。刘良女是一名乐伎，已嫁为人妻。武宗西行时看到她演奏，大悦，回京途中把她抢回京师，封为美人，赐居腾禧殿。武宗与她饮食起居不离须臾，极度宠爱，发怒时只要她出面劝慰，便一笑而解。

当然，一个刘美人对武宗来说还是远远不够的。武宗出巡宣府后，又不断骚扰民间，常夜间出行，见大房子则闯入，索酒食，抢美女。武宗身边的太监知道他的怪癖，竟助纣为虐，搜掠良家妇女以充"幸御"，一次竟达"十车"之多，有时连寡妇也不放过。

常住宣府

皇宫对武宗来说是个牢笼，他特别向往宫墙外的生活，在江彬的怂恿下，决定出巡边关。为使出巡更合情理，武宗化名朱寿，加封总督军务威武大将军总兵官。正德十二年（1517年），武宗携江彬等人第一次出关，被巡关御史张钦阻于居庸关，不肯放行。张钦坐镇关下，称"开关者斩。"这时内阁大臣赶到，武宗只好怏怏而去。但不久，武宗利用张钦外出巡视之机，混出居庸关，直奔宣府。他一边催马疾驰，一边紧张地不停地问"御史在哪儿？"对张钦，他也始终未加处分。

武宗一行浩浩荡荡来到宣府后，在那营建"镇国府"，他当时已经自封"镇国公"，令兵部存档，户部发饷。武宗非常喜欢镇国府，甚至称那里为"家里"。正德十三年（1518年）立春，武宗在宣府举行迎春仪式。武宗命人准备了数十辆马车，上面满载妇女与和尚，车盖上挂满彩球。车马行进接受检阅之时，妇女推动彩球与和尚光头相互撞击。武宗全程兴高采烈，对自己的设计甚感得意。

正德十二年（1517年）十月，喜兵好武的武宗终于真正打了一仗。当时鞑靼小王子率军5万余骑进犯，武宗闻讯，火速赶往救援，调动部署各路兵马，俨然有序。两军交手，明军被分割数处，武宗亲自督阵，众将士殊死力战，敌车稍退，明军才得以合拢。第二天又大战百余回合，鞑靼军退。此役明军杀敌16人，被杀52人，武宗也险些被俘。武宗得意回朝，举行了盛大的庆祝仪式。武宗命人准备彩旗彩带，上写"威武大将军"，众官列名于下，亦不得称臣。武宗干了一杯庆功酒，转头对大臣们说："我在榆河亲自斩杀了一胡虏，你们知道了吗？"

南巡作乐

正德十四年（1519年）正月，武宗由宣府还京师。二月，武宗自加太师衔，表示要巡视两畿、山东，祀神祈福。此举遭到大臣们的强烈反对。君臣僵持数日，众多大臣遭到廷杖，江彬做了手脚，十多人伤重而死。众臣拼死力争，武宗亦为感动，于是停罢南巡。六月，宁王朱宸濠反叛朝廷，武宗遂借机南征。巡抚王守仁很快平定了宁王之乱。武宗途中得到消息，隐匿捷报。出师前，武宗把刘美人安排到潞河相会，刘美人赠一簪为信物。武宗过卢沟桥时，簪子遗失，大军寻索数日不得。到了临清，武宗竟然独自溜出军营，乘舟夜行，亲自去接刘美人。

十二月，武宗到了扬州，又做下数起荒唐事。索取美女，专要处女和寡妇。武宗又在南京住了八个多月，朱宸濠被押至南京，等候数月，一直没有正式受俘。王守仁重新报捷，把功劳归于大将军朱寿名下，武宗才正式举行受降仪式。在返京途中，武宗又突发奇想，要将朱宸濠释放，再由自己亲自擒拿。众人力谏乃止。正德十四年（1519年）深秋，途经江苏淮安，武宗于积水池中垂钓，不幸舟覆溺水而得肺疾。正德十六年（1521年）三月，武宗病死于豹房，终年31岁。

1507年—1510年

帝嚣以天下章奏付刘瑾。瑾时杂构戏玩娱帝,候帝娱,则多上章奏,请省决,帝曰:"吾安用尔为?而一烦朕!"瑾由是自决政。

——《明史纪事本末》

刘瑾专政

他曾被评为过去1000年来全球最富有的50人之一,是当时的世界首富,过人的政治才干带来的是强烈的权力欲,媚上欺下,左右政局,好不风光。

时间
1507年—1510年

侍奉君主
贪玩成性的明武宗

官职
司礼监掌印太监

代批奏疏,培植亲信,设立内厂,实行新政,人称"立皇帝"

相关事件
安化王反叛

结果
清丈停止,刘瑾被凌迟

得势

刘瑾(1451年—1510年),陕西兴平人,本姓谈,6岁时被太监刘顺收养,改姓刘。刘瑾净身入宫当了太监,选入东宫,侍奉皇太子朱厚照,即后来的武宗。在朱厚照的周围,有八个对他有影响的太监,即刘瑾、马永成、高凤、罗祥、魏彬、丘聚、谷大用、张永和。朱厚照即位,这些人受到重用,称作"八虎"。"八虎"之中以刘瑾最有才干,初任钟鼓司太监,不久升为内宫监太监,总督团营。刘瑾有强烈的权力欲,他最仰慕前朝太监王振,郁郁不得志之时,恨得咬牙切齿。

刘瑾口才极好,能言善辩,多次向武宗进言,武宗逐渐信用刘瑾。"八虎"猖獗,引起朝臣的反对。正德元年(1506年)十月,内阁、部院、科道等官纷纷上言,必欲铲除"八虎"。刘瑾获得消息,预感到大祸将临,于是率"八虎"跪伏在皇帝

刘健

刘健(1433年—1526年),洛阳(今河南洛阳)人,明英宗天顺四年(1460年)进士,历英宗、宪宗、孝宗、武宗四朝。他入阁19年,任首辅8年,对明朝政治产生了较大的影响。

面前，流涕哭诉。刘瑾反咬一口，"朝臣这么目中无人，是因为司礼监无人啊。"刘瑾的一番话，使武宗做了相反的决断：贬斥了支持阁议的太监，命刘瑾入司礼监，马永成掌东厂，谷大用掌西厂。不久，刘瑾又将掌印太监李荣逐出司礼监，取而代之，成为名副其实的第一号太监。刘瑾地位确立以后，疏远了"八虎"中的其他人，为自己最终的失败埋下伏笔。

树威

正德二年（1507年）三月，刘瑾令廷臣跪于金水桥，宣示奸党名单。列入奸党的有大学士刘健、谢迁、尚书韩文、部曹李梦阳等数十人，刘瑾声色俱厉，宣读罪状。令廷臣跪而听诏，宣示奸党，驱逐反对派官僚，给文武官员造成极大的心理压力，这是刘瑾树立权威的第一个重大措施。

正德三年（1508年）六月，早朝出现攻击刘瑾的匿名书帖，他令群臣跪于奉天门下，直到查出结果。在追查过程中，有300多人被送至镇抚司究问。后来，他听说此书是内臣所为，方释放诸臣回家，但已有数人因日晒干渴、紧张恐怖而死。

为树立威信，刘瑾数兴大狱，众多官员被抄家。他设计制作了大枷，重达150斤，披带者不数日即死。他还发明了另外一些对付官僚的方法，如用疲劳战术，使六科给事中长时间办事，寅入酉出，达14个小时。都察院上审录重囚之本，不合刘瑾意，左都御史屠滽率十三道御史跪于阶下谢罪，听刘瑾斥责，皆叩头不敢仰视。据载，谏官"惧祸者往往自尽"。

正德四年（1509年）十月，设内办事厂，又称内行厂，刘瑾亲自统领。内行厂监视东、西二厂，即监视可能对刘瑾形成威胁的另一些大太监。在刘瑾威慑之下，官员奏事，先将章奏送刘瑾处，然后上通政司。凡此种种，京师遂流行"两皇帝"之说，称武宗为坐皇帝或朱皇帝，刘瑾为立皇帝或刘皇帝。

结党

在打击反对派的同时，刘瑾也拉拢一批官僚。最早与他结交的大学士焦芳和官员刘宇，先后以万金贿赂刘瑾入内阁，但刘瑾对他们的才干不甚满意，而遭到斥退。其他凡庸官僚行贿而被刘瑾喝退的，每天都有很多。为了达到专权的目的，刘瑾也任命了不少优秀人才。如韩福任右副都御史时因事下狱，刘瑾素闻其名，立刻保出他，拜户部侍郎。屈直任太仆寺卿，为官清廉，有人向刘瑾诬陷屈直，刘瑾察得实情，反而重用他。后来被清理的所谓"刘瑾党"人，其中有不少像韩福、屈直这样的官员。

刘瑾最为信任的官僚是与之结交较晚的张綵。张綵，字尚质，陕西安定人，通过焦芳与刘瑾结识。刘瑾对他大为敬爱，称为"神人"。张䌽虽有许多不好的品行，但才智颇高，且对刘瑾也产生过不少正面影响。史载，自吏部尚书张䌽入朝，才有人敢对刘瑾进言，暴政有所缓解。张䌽一方面劝刘瑾加强对宦官的约束，刘瑾因而疏远同类；另一方面又劝刘瑾惩治贪贿，说官僚行贿"并非侵占国库，而是剥削小民"。刘瑾虽对张䌽此论不以为然，但也采取了一些惩治贪贿的措施，惩处了不少向刘瑾行贿的官员。张䌽为官颇有政绩，马文升、杨一清等一代名臣都很器重他。

刘瑾与张䌽等官僚的关系中，有彼此利用的成分，但他对文学名士的延揽，却是虔诚的，最典型的就是康海。康海，陕西武功人，状元出身，在文学上名气很大。刘瑾认为他为陕西人争光，欲招揽之。康海"性刚直"，不肯往。刘瑾要杀李梦阳，康海受托前往刘瑾处救人。刘瑾听到康海来了，顾不上穿好鞋子，抓起衣服就去迎接他。刘瑾答应了释放李梦阳，康海才答应与他坐谈饮酒。后来，张䌽和康海都被列入刘瑾党人而受牵连，是不公平的，他们是"党争"的牺牲品。

新政

刘瑾并非无能之辈，也做了不少实事，实行了不少革新措施，其中最重要的两件事就是查盘和清丈。所谓查盘，就是组织科道官对天下军民府库、钱粮、各边年例银、两淮盐运司革支盐引、都司卫所军器，乃至夫运、柴炭等进行盘点清查。这里面尤其值得注意的是刘瑾对各边年例银的查盘。刘瑾认为，各边粮草缺乏，马匹疲惫，都是由于官员失职而造成的。刘瑾把查盘当作一件大事，不时举行，并用经济制裁的手段惩治官员。开始多被逮下狱，后来改为罚俸罚米，罚俸多至千两，罚米多至千石。

刘瑾认识到，年例银飞涨和屯田流失有关，就把注意力转到对屯田的清查丈量。刘瑾派户部侍郎韩福赴辽东、兵部侍郎胡汝砺赴宣府、大理寺丞杨武赴大同、通政司左通政丛兰赴延绥、大理寺少卿周东赴宁夏、尚宝寺卿吴世忠赴蓟州、兵科给事中高涝赴沧州，展开大规模清丈工作。甘肃巡抚王宪核实卫

康海
康海（1475年—1540年），弘治十五年（1502年）状元，任翰林院修撰。武宗时宦官刘瑾败，因名列瑾党而被免官。

所屯田的统计显示，漏税的土地竟然占总数的73%。查出这个数字意味着镇守官员隐瞒大量田地。

刘瑾的清丈，是朝廷和官豪人家争夺土地的斗争，以官豪人家为主要打击对象。刘瑾清丈形成了很大的声势，是张居正度田以前最重要的一次土地资产清查活动，意义重大。

明·斗彩云龙纹碗
敞口微侈，深弧腹，圈足稍高。白釉以地，釉面乳白，釉色柔和，胎体厚重，碗底以青花书"正德年制"四字两行双圈楷书款。内壁光素，外口沿和足部以青花饰飘带如意云头纹，腹以斗彩饰两组戏珠云龙纹，海水江崖现云层之中，游龙细身蜿蜒，张嘴吐舌，圆目怒睁，呈风车状排列的五爪利张，正在追赶前方的飘带宝珠。整个纹饰以青花勾勒和装饰为主，绿彩和红彩点缀于其中，协调搭配之下，更突出了游龙的动感和活泼。现藏于美国大都会艺术博物馆。

凌迟

正德五年（1510年）四月，因不满清丈，宁夏安化王朱寘鐇以反刘瑾起兵，得到许多武臣的拥戴。反叛发生后，朝廷立刻停止了清丈行动，刘瑾政策宣告失败。五月，朝廷以泾阳伯神英为总兵，右都御史杨一清为提督，太监张永总督军务，率兵平叛。军队出发不久，朱寘鐇已被擒。回师路上，杨一清要张永利用奏捷的机会，揭发刘瑾奸恶。张永素与刘瑾有嫌隙，听了杨一清的鼓动，奋然应允。

八月甲午日，张永待刘瑾退后，取出朱寘鐇起兵的檄文献于武宗，并陈奏刘瑾不法事。武宗当时已喝了不少酒，低头说"瑾负我"。太监马永成亦出言相助，于是抓捕刘瑾下狱。武宗开始没有杀刘瑾的念头，只是把他降为奉御，谪居凤阳。刘瑾也安然处之，说："犹不失富太监也。"

但武宗亲自查抄刘瑾宅府后，发现金银珍宝不可胜数，且有违禁物品，确信刘瑾确有反状，才下决心处死刘瑾。大臣于午门外会审，刘瑾大喝一声："满朝公卿皆出我门，谁敢问我？"刑部官员畏其余威，不敢发声。驸马蔡震说："提振国戚，需要靠你吗？"命官校上前捆刘瑾面颊，边捆边问他为什么私藏甲胄，刘瑾回答："保卫皇上。"蔡震又问，为什么藏之私宅，刘瑾语塞。刘瑾被处以极刑，凌迟3日。按照规定，要剐3357刀，每下1刀吆喝一声，残酷至极。他的肉也被卖于仇家生食之。这一年，刘瑾刚好60岁。

1521年—1539年

朕疾弥留，储嗣未建，朕皇考亲弟兴献王长子厚熜年已长成，贤明仁孝，伦序当立，已遵奉祖训兄终弟及之文，告于宗庙，请于慈寿皇太后，即日遣官迎取来京，嗣皇帝位，奉祀宗庙。

——《明史》

大礼仪风波

按规定，皇帝无嗣，需先找人入嗣，之后再让他继承皇位，直接将江山社稷送给别人家是不可能的。但明武宗遗诏直接让侄子继承了皇位。既然已经做了皇帝，又何必抛弃亲生父母入嗣？于是有了大礼仪之争。

时间

1521年—1539年

背景

武宗无嗣而死，孝宗也无其他皇子在世，皇太后与大臣商议，由兴献王之子朱厚熜继位。

原因

以杨廷和、毛澄为首的正德旧臣们认为嘉靖帝继承了明武宗的帝位，理应以武宗之父孝宗为尊，而世宗却只肯认孝宗为伯父

结果

皇权胜了阁权

杨廷和

杨廷和（1459年—1529年），字介夫，号石斋，谥文忠，四川新都人，明武宗正德后期首辅，历仕宪宗、孝宗、武宗、世宗四朝。因"大礼议"事件与世宗意不合，罢归故里。

正德十六年（1521年），武宗病死，武宗无子，也无亲兄弟在世。皇太后张氏（孝宗后）与内阁大臣商议后，以宪宗之孙、孝宗同父异母的弟弟兴献王的长子朱厚熜继位。年仅15岁的朱厚熜绝非不谙世事，从踏入京城之日起，他便显示出君临天下的威势。

四月二十二日，当朱厚熜继准备进入皇宫之时，在即位礼仪上便与内阁发生了争执。礼部官员具议请世宗应该先行使皇太子即位礼，由东安门入居文华殿，然后再择日即皇帝位。世宗则根据遗诏说他是"嗣皇帝位，非太子位"，认为自己是来继承皇位，不是受封为太子，应从大明门入宫在奉天殿直接即位，拒绝行皇太子即位礼，并以返回王府相威胁。最后，内阁只得让步。

世宗即位五天后，令礼官集议兴献王主祀称号。礼部尚书毛澄请示内阁首辅杨廷和以后，上疏：以世宗为入继之君，应效历代旧制，以孝

宗（武宗之父）为父，兴献王及妃为叔父母。世宗阅疏，恼火地说："父母能变吗？"毛澄等仍坚持前议，杨廷和也亲自上言要皇帝服从礼部之议，世宗坚决不从。

这时，观政进士张璁上《大礼疏》，提出与杨廷和不同的"继统不继嗣"的论说，皇统不一定非得父子相继。而所谓历史先例的汉定陶王、宋濮王都是预先过继过来，立为太子，养在宫中，这和世宗的情况有本质不同。世宗得到支持很高兴："此论出，吾父子获全矣！"

世宗将杨廷和召来，宣布要"尊父为兴献皇帝，母为兴献皇后"。杨廷和也不肯让步，并公开声称：在这个问题上，异议者即奸谀当诛。僵持良久，杨廷和见势不得已，乃让礼部称奉慈圣皇太后懿旨，"本生父兴献王宜称兴献帝，母宜称兴献后"。明世宗暂时接受了这个妥协的结果。

嘉靖二年（1523年）十一月，张璁与同僚桂萼等又上疏重提旧事，提出应改名号，"改称兴献帝曰皇考，称孝宗为皇伯考"。世宗再次让群臣议论礼仪事项。群官议论的结果，绝大多数官员不同意改称名号，认为"必以孝宗为考，而后大宗为不绝"，只有少数几个人附和桂萼的提议。嘉靖三年（1524

北京宫殿图
故宫是明清两代的皇家宫殿，又称紫禁城，明永乐四年（1406年）开始建造。这幅绘于嘉靖四十一年（1560年）至万历十四年（1596年）的纸本彩绘图展现了嘉靖年间紫禁城三大殿重修后的情景，中轴线由南向北依次是承天门（今天安门）、端门、午门、皇极门（今太和门）、皇极殿（今太和殿）、中极殿（今中和殿）和建极殿（今保和殿）。现藏中国台北"故宫博物院"。

年）春正月，杨廷和提出辞官，世宗顺水推舟。200多名朝官仍坚持原议，虽被斥责、罚俸甚至罢黜，仍不肯退让。最终，世宗占了上风，尊父亲为"皇考恭穆献皇帝"，母亲为"圣母章圣皇太后"。几年后，世宗又改称孝宗为皇伯考，孝宗后为皇伯母。随着大礼仪风波的结束，旧臣失势，新臣崛起，明朝掀开新的篇章。

1522年—1566年

（世宗）晚年虽不御殿，而批决顾问，日无停晷。虽深居渊默，而张弛操纵，威柄不移。

——《国榷》

世宗崇道

嘉靖帝是明朝皇帝中最任性和倔强的一位，他性情敏感，又很勤奋，常批阅奏书到后半夜。20多年避居西苑，练道修玄，"忽智忽愚"，深不可测，但始终牢牢掌控着整个明朝的政治和军事大权。

主角
明世宗朱厚熜

信仰
道教

道号
天池钓叟、雷轩、尧斋，万寿帝君

道友
邵元节、陶仲文

导致后果
严嵩专权20年

逸事典故
壬寅宫变、二龙不相见、海瑞罢官

明世宗朱厚熜
朱厚熜（1507年—1567年），执政前期推行改革，使明朝一度出现中兴局面，中期因过于迷信道教，通过内阁掌控朝局，使得首辅严嵩专权20年，吏治败坏，边事废弛。

大概是受其父兴献王的影响，明世宗一生迷恋道术，即位没多久，就命人在宫中到处建醮，日事斋醮。嘉靖三年（1524年），世宗召江西龙虎山上清宫道士邵元节入京，专事祷祀。邵元节在宫中祷雪应验，世宗因之宠信不疑，封其为"致一真人"，在京城西建真人府，供其居住。世宗经常诏邵元节祷祈雨雪，还曾赐其新蟒服及"阐教护国"玉印。嘉靖十五年（1536年），又授为礼部尚书。嘉靖十八年（1539年），邵元节死，敕授大宗伯。邵元节死前举荐方士陶仲文继续为世宗服务。世宗封他为"神霄保国宣教高士"，又加授少师，仍兼少傅、少保，史评"一人兼领三孤，终明之世，惟仲文而已"，可见道人术士在世宗心目中的崇高地位。

与之形成鲜明对比的是谏官们的遭遇。嘉靖十八年（1539年）九月，明世宗欲专心静修炼道，留太子监国。太仆卿杨最上疏反对，世宗览之大怒，将他抓捕拷打致死。嘉靖二十年（1541年）正月，御史杨爵上疏请禁除邪佞之术，世宗再次大怒，抓他下狱。自此以后，廷臣不敢再谏阻，神仙祷祀之风愈演愈烈。

最荒唐的是，为了炼出仙药，世宗竟然听信方士的话，通过摧残童女获得炼药的原料，称之为"先天丹铅"。嘉靖二十一年（1542年），众宫婢怨怼于世宗，欲"与日偕亡"，群起造反，世宗差点被勒死。惊吓过后，他反而变本加厉，移居西内，终日求长生，不临朝，不祭拜宗庙，不与大臣见面。

由于沉湎于斋醮之中，实践"清心寡欲"，世宗对后妃感情淡漠。元配陈皇后怀孕后，碰到世宗震怒，惊吓而死。第二任皇后张氏也因为"不顺不敬不逊"被废。第三任皇后方氏，在处置"壬寅宫变"时，不但杀了与事宫女，还杀了世宗宠爱的端妃和宁嫔，世宗对此一直记恨在心。嘉靖二十六年（1547年），宫中失火，方皇后被烧死。

因迷信道教，世宗对诸子也日益疏远。庄敬太子死后，他迷信"二龙不相见"之说，把成婚的裕王朱载垕（hòu）、景王朱载圳都迁到宫外居住，并且迟迟不肯再立太子。到了晚年，忌讳听人说"储贰"，涉及其中一字者处死，一切喜庆的事，也不能告诉他。朱载垕生皇孙不敢上奏。一天，有一个最受

西城宫词八首

两角鸦青双筯红，
灵犀一点未曾通。
自缘身作延年药，
憔悴春风雨露中。

——明·王世贞

宠的宫女找机会告诉了世宗，世宗就大发雷霆，处罚了这个多事的宫女。

世宗中年以后，专修道术，大臣争相供奉青词，写得好的就受到提拔，直入内阁。当时阁臣袁炜、严讷、李春芳、郭朴俱以善撰青词而入阁，时人讥之为"青词宰相"。其实，"青词宰相"远不止这几位，比如顾鼎臣、夏言、严嵩、徐阶也都以善撰青词而得到世宗的青睐。

明嘉靖·剔红四真图方斗杯
方斗形，平底，通体髹朱漆，上雕刻道教四大真人：通玄真人文子、冲虚真人列子、南华真人庄子、洞玄真人亢仓子，工艺精细，场景宏大。明世宗对道教的沉溺影响了嘉靖一朝所有的工艺品装饰。

1542年—1562年

> 户部岁发边饷，本以赡军，自嵩辅政，朝出度支之门，暮入奸臣之府。输边者四，馈嵩者六。……未见其父，先馈其子。未见其子，先馈家人。家人严年，富已逾数十万，嵩家可知。
>
> ——《明史》

青词宰相严嵩

本是一儒雅文士，专宠之下，在权力与欲望的道路上越走越远，终因窃权罔利、误国误民，招致天下怨恨。只是荣辱系于一人身，注定到头来是一场空。

专权时间
1542年—1562年

出身
乙丑科进士

称号
青词宰相

职位
吏部尚书、谨身殿大学士、少傅兼太子太师、少师、华盖殿大学士、内阁首辅

结局
被削官回乡后病死，其子严世蕃以"通倭罪"被斩首

评价
明代六大奸臣之一

严嵩
严嵩（1480年—1567年）字惟中，号勉庵、介溪、分宜等，江西新余市分宜县人。专擅国政达20年，祸国殃民，败坏朝纲。但其书法造诣很深，也擅长作词。

崭露头角

严嵩出生在一个寒士家庭，少年聪慧。弘治十八年（1505年），严嵩中进士，入翰林院就读，初露才华，包括阁臣李东阳在内的不少士大夫都认为他是栋梁之材。正德二年（1507年），授翰林院编修。时值刘瑾专政，严嵩称病辞职隐居山林，度过了10年的清贫生活。

正德十一年（1516年），严嵩还朝复官。复官之初，严嵩常针砭时弊，对武宗的许多做法，他都持批评态度。比如，他多次批评武宗迷信藏传佛教和运楠木北上之弊。

正德十六年（1521年），世宗即位之后，严嵩升南京翰林院侍读，掌院事。嘉靖四年（1525年），升国子监祭酒，又由南京回到北京。至此为止，可以说，他并没有引起世宗的特别注意，也没有在激烈的大礼仪之争中

> **青词**
>
> 洛水玄龟初献瑞，
> 阴数九，
> 阳数九，
> 九九八十一数，
> 数通乎道，
> 道合原始天尊，
> 一诚有感。
> 岐山丹凤两呈祥，
> 雄鸣六，
> 雌鸣六，
> 六六三十六声，
> 声闻于天，
> 天生嘉靖皇帝，
> 万寿无疆。
>
> ——袁炜（青词宰相）

留下事迹。严嵩当时在翰林院任职，很自然地没有与张璁、桂萼等站在一边。但他也不像大多数翰林官，坚决拥护以杨廷和为首的旧官僚集团的主张，而是采取审慎观望的态度。与正德时期相比，这时的严嵩在为官做人方面有了明显的变化。他由清白的儒者，变成了不那么清白的官吏。

嘉靖七年（1528年），严嵩以礼部右侍郎步入上层官僚的行列。他被世宗派往湖广安陆（今湖北钟祥）监立显陵碑石。还朝后，严嵩上了两道奏疏。一道奏疏叙述了河南灾区"人相食"的惨状，另一道奏疏叙述了途中所见"祥瑞"。一报忧，一报喜，是经过深思熟虑的，反映了严嵩既关心民情，又不忘明哲保身，阿谀圣上。两篇奏疏都收到了好的结果，博得世宗赞赏。

随后几年，严嵩历任户部、吏部侍郎。嘉靖十一年（1532年），升南京礼部尚书，两年后改南京吏部尚书。嘉靖十五年（1536年），严嵩赴京朝觐，被世宗留下，任礼部尚书兼翰林院学士。当时的礼部在六部之中最受器重，是进入内阁的方便之门。

嘉靖十七年（1538年），有人上疏请献皇帝庙号称宗，以入太庙。朝中大臣，包括严嵩在内，态度是反对的。但世宗非常固执，厉声训斥群臣。严嵩于是尽改前说，且为世宗详细筹划。为了应付性情乖僻多变的世宗，严嵩逐渐放弃了自己的原则，不久就成为当时在西苑值宿待召的六位高官之一。

角逐庙堂

当时与严嵩同列的内阁首辅夏言，曾做过他的考官，两人有师生之谊。夏言因直言进谏受到武宗和世宗的青睐，主持朝政。夏言入阁以后，推举严嵩任礼部尚书。但夏言自视甚高，渐渐不为明世宗所喜，羽翼渐丰的严嵩开始攻击夏言。不久，夏言因拒服世宗赏赐的道冠法服，招致世宗不满。严嵩适时地利用世宗的不满，怂恿世宗罢黜夏言。嘉靖二十一年（1542年），夏言革职闲住，严嵩加少保、太子太保、礼部尚书兼武英殿大学士入阁，仍掌礼部事。两年后，严嵩成为首辅，又加太子太傅兼吏部尚书等职位，获得了文臣所能得到的最高荣誉。但侍奉多疑乖张的世宗，严嵩的地

杨继盛

杨继盛（1516年—1555年），字仲芳，号椒山，今河北容城县北河照村人，明代著名谏臣。因上疏力劾严嵩"五奸十大罪"，遭诬陷下狱遇害。后人以其故宅改庙以奉，尊为城隍。有《杨忠愍文集》。

位依然可能朝夕不保。

不久，或许是出于对严嵩权势过大的不满，世宗又表达出对夏言的眷恋之情。严嵩闻知此事，主动提出复用夏言。夏言再次成为首辅，对待严嵩仍一如既往地傲慢。他不让严嵩批拟奏折，打击严嵩的亲信。严嵩知世宗眷宠所在，噤不敢言。夏言为人铺张奢侈，对待世宗也不像严嵩那样谨小慎微。而严嵩则能长期保持节俭、谦恭的态度，时刻避免给世宗以揽权结党的印象。

嘉靖二十五年（1546年），陕西三边总督曾铣奏议收复河套，夏言极力支持，世宗本也赞同此议。但在朝臣众口一词的"复套"呼声之中，善变多疑的世宗又心生疑问。严嵩把握住了这个机会，立刻上奏，"复套"之议不当，且借机攻击夏言专权，排斥异己。于是世宗对夏言又心生猜忌。嘉靖二十七年（1548年），世宗命夏言致仕。锦衣卫都督陆炳和总兵官仇鸾，告"交结为奸"之罪，置夏言和曾铣于死地。

夏言死，严嵩稍一放松，又被仇鸾反戈一击。仇鸾上密疏，揭发严嵩父子，引起世宗的戒备和疏远。经此悲喜两重天，严嵩回到宅中，与严世蕃相对而泣。所幸仇鸾不久病重，陆炳乘机把刺探到的仇鸾的不轨行为汇报世宗。世宗罢免仇鸾，仇鸾病中忧惧而死。世宗和严嵩冰释前嫌。除去两大劲敌，严嵩在朝中一时风头无两。但他深知官场险恶无比，为了保住专宠，他对一切政敌施以残酷的反击。沈炼、杨继盛相继因为弹劾严嵩父子而被贬职后遭杀害。

议处政事

严嵩并非没有才能。对许多重大问题，严嵩经常发表自己的见解，有时甚至是与世宗相左的见解。对灾情和赈济灾区的事务，严嵩也非常关注。他多次采取政策，保证饥民能够均等地分到赈灾食物。

北边的民族关系，是嘉靖朝最感棘手的问题。严嵩的一贯思想是不轻战。他对北边形势的认识从来是不乐观的。严嵩认为"虏寇不足患"，问题在于中国久安，武备松弛，军事上诸多弊病。世宗赞这是"探本穷源"之论。嘉靖二十九年（1550年），蒙古土默特部首领俺答汗包围了北京。当时北京军力"仅四五万，老弱半之"，且兵器装备不堪使用。兵部尚书丁汝夔请示严嵩，严嵩说若战败于京郊后果严重，贼饱了自然便去。丁汝夔会意，令诸将坚守不战，任由俺答兵在城外焚掠骚扰八日，退回草原。事后，世宗以御寇无策、守备不严将丁汝夔斩首，丁汝夔临刑前大呼"严嵩误我"。

对于倭寇问题，严嵩认为所谓倭寇，主要还是沿海地区的中国人。这也是当时相当一部分士大夫的看法。他认为，数年来东南战事不利，皆因不能统一指挥，因而扩大负责平定倭寇的官员的权限。严嵩信赖和扶植胡宗宪，在平定倭寇海盗方面取得重大胜利。

严嵩在建储问题上的表现最得官僚们的称赞。严嵩屡屡进言世宗早立太子，这是严嵩最能直言，也是世宗最不肯接受的一件事。世宗甚至警告严嵩，再有复请，必加重刑。对严嵩素无好感的官僚徐学谟赞叹严嵩不顾自身安危进言，做了一件值得肯定的好事。

盛极而衰

严嵩的权势超过了他的任何一个前辈，就连严府的奴仆亦成为士大夫争相结识的红人。管家严年号鄢山先生，公卿能与鄢山先生一游的，自谓三生有幸。随着年龄的增长，谦恭谨慎的严嵩在世宗面前也渐有松懈。嘉靖四十年（1561年），严嵩竟然指使廷臣推荐世宗厌恶的人，说此人是他的亲戚。世宗碍于情面，答应了他。此事传出，许多官僚大为吃惊，说严嵩"与主子争强，比王安石还厉害"。

此时的严嵩82岁，加上他常年为世宗试吃丹药，思考力和判断力大为衰退，甚至连皇帝的诏书也读不懂了。应付世宗本来就不容易，何况是垂老之人。永寿宫火灾，他请世宗暂徙南城离宫，而南城是英宗当年被软禁的地方，这当然使世宗很不高兴，严嵩在世宗心目中的地位日益下降。

严嵩的命运最终被一个道士决定了。世宗召大学士徐阶推荐的方士蓝道行入禁中预卜祸福。一日，严嵩有密札言事，徐阶事先通报蓝道行。蓝道行降神仙语，称："今日有奸臣奏事。"看着严嵩的密札，一生崇道信仙的世宗怀疑严嵩就是奸臣。御史邹应龙趁机上疏陈述严嵩父子不法之状。结果，严嵩被致仕抄家，严世蕃先是发戍，后来竟以通倭罪被杀。严嵩回到江西，晚景凄凉，寄食在墓舍里，死时无人送行，终年86岁。

严嵩书法
内容为评价某个官员业绩情况，现藏于美国弗利尔美术馆。

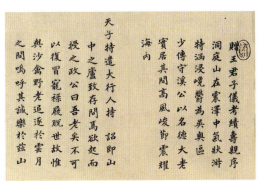

吴门四家

"吴门四家",指的是明中叶以后定居于苏州的四位蜚声画坛的吴派名家,即沈周、文徵明、唐寅、仇英。他们以重振和发展文人画而名垂青史。

● 沈周

沈周(1427年—1509年),字启南,初号玉田,改石田,晚号白石翁,别署有竹居主人,长洲(今江苏苏州)相城人。出身世代书香门第之家,父祖两代皆隐居不仕,寄情山水,诗画自娱。沈周擅长书法,放纵遒劲,诗书画相得益彰。沈周的画风写意,粗放磅礴,领一时风骚,被推为"吴门画派"的宗师。

● 唐寅

唐寅(1470年—1524年),字伯虎,晚号桃花庵主,自署印有"南京解元""龙虎榜中名第一,烟花队里醉千场"等。唐寅的绘画,山水、人物、花鸟,无所不工。唐寅的诗,风采斐然,照耀江表。在诗中,他不时流露出人生如梦的感叹。嘉靖二年(1523年)冬,他在临终前留下这首绝笔诗,含愤去世,享年54岁。

明·沈周·庐山高图

明·唐寅·悟阳子养性图

明·文徵明·惠山茶会图

● 文徵明

文徵明（1470年—1559年），别号衡山居士，长洲（今江苏苏州）人。文徵明少年时并不聪敏，他力学自勉，20余岁时能诗会画，文名渐起。他屡困场屋，十试十落，仅为秀才，于是淡然功名，寄趣艺事，终于大器晚成。他的书法，也博采名家之长，于诸体皆有造诣。文徵明的诗歌直抒胸臆，清丽明快，逸韵悠远，歌风吟月，潇洒倜傥。文徵明活了90岁，是我国古代美术史上作品最多的艺术家，仅据著录所载作品就达5000余件之多。

● 仇英

仇英（约1502年—约1552年），字实父、实甫，号十洲，原籍太仓（今属江苏），后移居苏州。出身贫寒，年轻时为油漆工匠。他笃爱绘画，常常试绘山水、人物等漆画，以技艺精巧而被画家周臣收为门徒。仇英在技法上的学习不专一家，而是撷取诸家之长，熔于一炉，形成自己的风格。仇英的人物画以仕女为最佳，他笔下的仕女，自然传神，形态各具。

明·仇英·桃源仙境图

1553年

初，广东文武官月俸多以番货代，至是货至者寡，有议复许佛郎机通市者。……从之。自是佛郎机得入香山澳为市，而其徒又越境商于福建，往来不绝。

——《明史》

葡萄牙占澳门

西方地理大发现以后，葡萄牙等国向外急剧扩张，而此时的明朝正实行严厉的海禁政策，禁止民间贸易。两个制度截然相反的国家遭遇，冲突不可避免地发生了。结果是葡萄牙占据了澳门。

时间
1553年

背景
西方地理大发现时代，海外贸易兴盛；
明朝闭关锁关，禁止民间贸易

用途
贸易据点

面积
32.8平方千米

管理办法
地租、舶税

相关历史
土生葡人、澳门特区

16世纪初，葡萄牙人开始利用天然地理优势向海外扩张，在控制了印度沿海、攻占马六甲以后，来到中国东南沿海。正德九年（1514年），葡萄牙人首先抵达广州沿海的屯门岛（今广东深圳蛇口），假朝贡之名在岛上建立石碑，盖房立栅，作久居打算。次年，葡驻马六甲总督派人正式出使中国，开始了葡官方与明朝的正式交往。葡人来中国，主要目的是要发展和中国的贸易，而明朝立国之后一直推行海禁政策，不开放民间海外贸易。对贸易的不同态度，决定了冲突势所难免。

正德十二年（1517年），葡驻马六甲总督派商人皮莱资等人率船队驶抵广州，广州地方官员拒绝他们登岸。后来他们又假借名目驶入中国内河，进入广州城。正德十五年（1520年），皮莱资来到明朝陪都南

大三巴牌坊
大三巴牌坊，其正式名称为圣保禄大教堂遗址，最早建造于万历十一年（1583年），由意大利籍耶稣会会士卡洛斯·斯皮诺拉设计，后来又几经大火烧毁和重建，如今是澳门的标志性建筑物之一，2005年被列入联合国世界文化遗产名录。

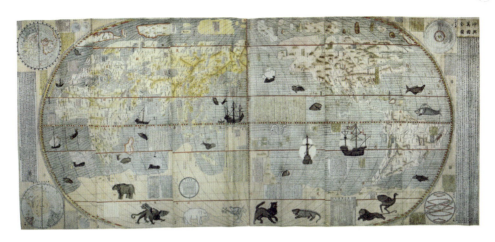

坤舆万国全图（明宫廷摹绘本）
这是一幅纸本彩绘中文世界地图，万历三十六年（1608年）根据意大利耶稣会士利玛窦原图摹绘，采用当时欧洲地图的典型绘法。图中包括四大洲：亚洲、非洲、欧洲、美洲。此外还有根据传说绘制的南极洲。大洋洲缺失，因为当时尚未被发现。明代中国位于全图中央。这幅图使当时的中国人首次冲破了原来的狭隘世界观。现藏于南京博物院。

京，想要觐见正在南巡的武宗，未被获准。不久，流亡的马六甲苏丹遣使者向世宗揭发葡萄牙人侵占马六甲的罪行。皮莱资被关入广州监狱，几年后死去。

正德十六年（1521年），明朝下令将占据屯门岛的葡人驱逐。明军用火攻烧毁葡萄牙人战船，葡萄牙人寡不敌众乘夜遁去。屯门海战是明朝和西方殖民者的第一次战役。

嘉靖二年（1523年）初，葡萄牙船只五艘来广州请求通商，遭到拒绝，遂转攻广东新会，遭击退。葡萄牙人于是转向浙江、福建一带，占据岛屿，劫掠村镇，贩卖人口。

嘉靖二十七年（1548年），浙江巡抚朱纨派兵进攻舟山群岛的双屿岛，驱逐葡萄牙人。次年，朱纨又和福建巡海道副使柯乔率兵进攻福建走马溪的葡萄牙商船，捕获大量与葡萄牙人贸易的中国商人和倭寇，处决了数百人，驱逐了葡萄牙人。

葡萄牙人虽一再被驱逐，但依然坚持要在中国沿海占据一个通商据点。不久，珠江口边的澳门成为他们觊觎的目标。嘉靖三十二年（1553年），葡萄牙商人借口船上货物被风浪打湿，向海道副使汪柏行贿，请求在澳门上岸晾晒货物。阴谋得逞后再没离去，他们在澳门建造房屋、炮台，设立官员管理。到万历时，葡萄牙人在澳门已有上万人。

葡萄牙人占据澳门后，每年向官府行贿500两白银，后转为"地租银"。神宗即位后，向澳门葡商抽取舶税，每年可得税银2万余两。明朝因有利可得，遂听任澳门被葡人独占。但明廷一直没放松对澳门葡人的戒备。葡人占据的澳门，也曾发挥了明朝与外交流的桥梁作用，传教士罗明坚、利玛窦等人都曾在澳门长期居住。

明万历年间

人身六脉虽皆有系属,惟督任二经,则苞乎腹背,有专穴。诸经满而溢者,此则受之,宜与十二经并论。

——《明史·李时珍传》

李时珍与《本草纲目》

医药世家子弟,在家人盼入仕的热切中依旧选择了中草药,累积30年之力完成巨作《本草纲目》,这本被称为"中国古代的百科全书"在国内外产生了广泛的影响,至今依然造福人类。

别号
字东璧,号濒湖山人

出身
医药世家

出生地
湖北省蕲春县蕲州镇

职业
医学家、博物学家

代表作
《本草纲目》《奇经八脉考》《濒湖脉学》

逸事典故
死人诊活、活人诊死、尝百草

李时珍
李时珍(1518年—1593年),字东璧,晚年自号濒湖山人,湖北蕲春县蕲州镇人。李时珍一生潜心研究医药,为了弄清楚各种药物的形状和生长情况,他走遍深山旷野,深入调查研究,最终成为一位伟大的医学家和药物学家。

出身世医

李时珍祖父是草药医生,父亲李言闻为当时名医。李时珍从小就受到家学的熏陶,喜欢钻研医学。李时珍13岁中秀才之后,三次乡试均告失利。他因此放弃了科举,转而研究自己感兴趣的中医本草学。后来,李时珍治好了楚王之子的暴厥症,被征任楚王府奉祠正。嘉靖年间,他一度赴京,供职太医院,不久托病归乡。这段时间,李时珍经常出入于太医院的药房及御药库,搜集了大量的资料,还饱览了王府和皇家珍藏的丰富的医学典籍,看到了许多稀有的药物标本,开阔了眼界,丰富了知识。

李时珍辞官返乡后,以自己的字东璧为堂号,创立了东璧堂,坐堂行医。此时的李时珍在医药学上已经有很高的造诣。他十分重视中医的辨证论治,极力反对所谓"一方治百病"的说法,主张全面认识疾病,深入了解病情,有的放矢,然后四诊合参,依病开方。

李时珍深入研究了传统中医的阴阳五行学说、天人相应学说和脏腑经络,并能灵活应用。从临床上说,对李时珍影响最大的是金元时名医张元素、李东垣这一学派。李时珍很欣赏张元素在药性方面的论述,也继承了李东垣的临床理论,特别重视脾胃功能对病症的影响。

李时珍不满于历代《本草》的讹误和对方士谬说的迷信,立志重修《本草》。他不辞艰辛,长途跋涉,寻采草药,访求药书,考辨异同。积30年之功,三易其稿,终于编著完成《本草纲目》。

重修《本草纲目》

这部多达52卷的《本草纲目》记载了不少新的医学病症和技术。如首次记载了铅中毒、汞中毒、煤气中毒、肝吸虫病等。还创造性地使用了蒸汽消毒、冰块冷敷急救高热昏迷等技术。他还倡用点燃香料烟熏以消毒空气。

书中还记载了李时珍在自然科学方面所取得的成就。在生物学方面,李时珍已经具有生物进化的

《本草纲目》书影
这是一部集16世纪以前中国本草学大成的著作,因为这部书,许多已散佚的古代医书及药书得以保存。

思想萌芽。他根据动物构造的复杂性,依次分成虫、鳞、介、禽、兽和人等部,体现了生物进化的顺序。他还注意到地域和气候因素对生物形态的影响。他还观察到遗传上的相关变异,如指出不同年龄阶段的人头发都会变白,与寿命之短长无关,而与遗传等因素有关。

在矿物学和化学方面,李时珍已注意矿藏受地域因素影响。比如,铜矿有赤、白、青之分,水精产于南方者白、北方者黑。还记载钠、钾、钙、镁、铜等19种化学元素,以及由这些

《本草纲目》中对植物药和动物药的介绍
这本药书将药物分矿物药、植物药、动物药,并附有药图1000多幅,形象地记录了药物的形态。

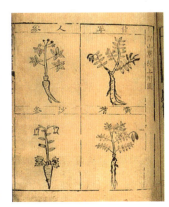
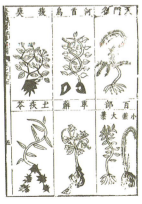

元素构成的数十种化合物。在制备药物时，记载了包括蒸馏、蒸发、升华、重结晶、风化、沉淀、干燥、烧灼、倾泄等现代化学所使用的各种方法。在有机化学方面，在论述以五倍子制取"百药煎"治痰咳时，记录了我国最早制取"没食子酸"结晶体的方法。

《本草纲目》还涉及其他自然科学。生理学上，李时珍首先提出"脑为元神之府"，认为头部腔室内是人体神灵所在部位，推翻了中国古代医学以心脏为精神主宰的观念。李时珍还通过精确测量容器中水分的蒸发速度，预知天气。他指出动物可以形成化石，动物粪便也可以，这些认知也属首次记载。他还指出，月球上与大地一样地形各异，其中所谓树影、嫦娥之类，实乃山河之影。

《本草纲目》完成后，由于长年的辛苦劳累，李时珍还没有见到《本草纲目》的出版，就与世长辞了。直到三年后（1596年），在南京私人刻书家胡承龙的刻印下，《本草纲目》第一版惊艳面世。

远播海外

当然李时珍的医学知识也是有限的，就《本草纲目》而言，书中也有一些不足之处、错误，甚至迷信思想。这些曾不断遭到后代学者的批评甚至攻击。但作为一部科学巨著来看，《本草纲目》和李时珍对后世的影响是极其深远的。《本草纲目》是一部大型著作，全书

李时珍墓
墓位于湖北蕲春县蕲州镇东门外，葬着李时珍和他的父母。墓前有明万历年间李时珍的儿子所立的墓碑。

近200万字，在当时刻镂、印刷困难的条件下完成，难能可贵，刊出后立即受到各方欢迎。至今国内外各种翻刻本已多达50种以上，其中1596年的初刻本（亦称金陵本）被视为稀世珍本。

金陵本《本草纲目》刻成10年后，就流传到日本。史载，日本长崎的林罗山（又名林道春）曾获得一部《本草纲目》，献给了江户时代的开创者德川家康。此后，我国的各种版本《本草纲目》又陆续传至日本。在后来的两个半世纪中，其刻本达30种以上。《本草纲目》还先后传入琉球、朝鲜、越南等地，成为这些地区重要的文化遗产。

《本草纲目》在欧美各家也同样有巨大影响。18世纪《本草纲目》就先后传到欧洲和美国，欧美各国主要图书馆都有收藏。1735年，巴黎出版的法文本《中华帝国全志》中，即有《本草纲目》的节译本。进化论奠基人、英国学者达尔文在著作中曾引用《本草纲目》中的记载，以证明其进化论的正确性。英国著名的科技史专家鲁桂珍也曾为李时珍写传记，高度赞扬他的科学贡献。英国科技史专家李约瑟认为，李时珍是中国博物学家中的"无冕之王"，作为科学家，李时珍达到了伽利略之前的时代所能达到的最高水平。

位于广州华南植物园中的李时珍铜像

> 1572年—1582年

居正为政，以尊主权、课吏职、信赏罚、一号令为主。虽万里外，朝下而夕奉行。黔国公沐朝弼数犯法，当逮，朝议难之。居正擢用其子，驰使缚之，不敢动。既至，请贷其死，锢之南京。

——《明史》

张居正改革

皇上年幼，太后宠信，为政10年，鞠躬尽瘁，海内安宁，国富兵强，被誉为明朝唯一的大政治家。有人说他是诸葛亮和王安石的复合体，有人说他是中国历史上最应该晚死10年的人之一。

时间

1572年—1582年

背景

神宗年幼，张居正得到当时摄政的神宗生母李太后的完全信任，一切军政大事均由他主持裁决

政策

巩固国防
整顿吏治
改善财政
赋税改革

代表作品

《张文忠公全集》
《张太岳集》《书经直解》

张居正

张居正（1525年—1582年），字叔大，号太岳。万历时期的内阁首辅，张居正推行改革，使得明朝中后期出现了"万历新政"的局面。

直上竿头

据说明神宗做太子之时，曾梦一美髯大臣在侧，好像有话要说的样子，醒来很奇怪。问内侍，内侍回答说："殿下将来应当会有一个长这样子的太平宰相。"后来见到张居正，长身玉立，髭髯修美。神宗回想起以前梦到的人，对内侍说："这就是我梦中见到的人吧！"

明穆宗于隆庆六年（1572年）五月去世，其子朱翊钧即位，是为明神宗。神宗即位不久，张居正就接任首辅。李贵妃训责神宗时就说："让张先生知道，怎么样？"神宗听了很害怕。张居正外出巡视，一路上，守臣率官署长跪，抚按大吏越界迎送，就连襄王、唐王也抵郊外迎候，设宴款待。张居正在万历初期掌政的10年，是他跟小皇帝关系最亲密的时期。正是凭借着这样的权势，

张居正才能雷厉风行地推行一系列改革政策，大刀阔斧地涤荡旧政积弊，使明朝国力大增。

考核官员

为了改变"贪官为害""驱民为盗"和吏治腐败的局面，张居正创立了"考成法"，用以考核官吏，矫正腐败。考成法规定评判官吏政绩好坏的标准以"安静宜民者"为上，"沿袭旧套虚心矫饰者"为下。其方法是逐级考核，抚按考核属吏，吏部考核抚按，朝廷考核吏部。如抚按不能悉心甄别，如实考核，则抚按为不称职，吏部应秉公汰黜之，以此类推。逐级考核之外，还有随事考成的制度，即规定六部都察院及各衙门之间来往事项处理，根据"道里远近，事情缓急，立定程期，置立文簿存照"。如有延误者，各级官吏都有责任举报。如此月考、岁考，建立了严密的考核制度，使得"纪纲法度莫不修明"。张居正据考成法裁革了一大批庸懒无能的官吏，奖励提拔了廉能有才干的官吏。考成法的实施也在组织制度上

明神宗朱翊钧

朱翊钧（1563年—1620年），作为明朝在位时间最长的皇帝，他在位前期支持张居正推行了一系列改革，使得明朝国力得到发展；执政中后期开始怠政，几乎不上朝。

张居正故居

位于湖北省荆州市古城东大门内，这座古香古色的建筑曾经在战火中被毁，后来得到重建。

张居正改革

背景	土地兼并严重，政府财政危机加重，边防松弛，民穷财竭
举措	政治方面　考成法，整顿吏治，提高办公效率
	经济方面　一条鞭法，整顿赋役，扭转财政危机；裁减冗官，压缩政府开支，兴修水利，畅通漕运
	军事方面　对外怀柔，内修守备，提高军队战斗力
结果	增加了政府财政收入，稳定了边境，为明中期的政府统治赢得了转机，但改革触动了既得利益者，很快就为保守派破坏，各种社会矛盾自此加剧再难缓解

保证了其他各项改革措施的顺利推行。

赋税改革

为了改善明朝财政状况，张居正实行了三方面的经济改革。

清理积欠田赋。为增加朝廷财政收入，张居正接二连三地下令清理积欠的租赋。并规定完不成额度的，按抚和郡县都要听候处分。张居正将之列为官吏考核的一项内容，令"朝下而夕奉行"，迅速扭转了明皇朝财政窘迫的困境。至万历四年（1576年），"太仓粟充盈，可支十年"，"太仆寺亦积金四百余万"。

清丈田地。为了解决大量存在的"有田不赋"的现象，张居正于万历六年（1578年）下令在全国清丈田地，并严令强宗豪民不得阻挠，否则严惩不贷。三年后丈量完竣，统计出来的田地总额比弘治时期多300万顷。清查出来的田地大部分是强宗豪民的田地。

赋役制度的改革。万历九年（1581年），张居正在全国范围内推行了"一条鞭法"。具体内容为：将赋役以及土贡方物等杂征皆合并为一项，折算为银两，按人丁和田亩分摊；赋役额数以州县为单位，由地方官直接征收。

万历皇帝御用毛笔
明定陵出土。据考古发现早在五六千年前就已有毛笔或类似毛笔的工具。目前发现最早的笔是湖北随州曾侯乙墓出土的春秋时期的毛笔。

"一条鞭法"统一了赋役,简化了征收项目和手续,便于管理,抑制了漏税和贪污,减轻了贫穷小民的负担,保证了朝廷的田赋收入。

整饬边防

鉴于明中期以来"虏患日深,边事久废"的状况,张居正竭力整饬边防,擢用了一批有才干的将领守御边疆。如用名将李成梁镇辽,其间鞑靼小王子部众十余万数次入寇辽左,均被李成梁力战击败。再如起用戚继光镇蓟门16年,边备修饬,蓟门安宁。由于张居正知人善任,努力整饬边防,故使这一时期"边境妥然"。

张居正不但善于选择边防人才,而且亲自制定大的方略,对俺答的土默特部蒙古和东鞑靼采取不同的策略。许俺答通贡,而不许东鞑靼通贡。东部鞑靼土蛮因垂涎王号,屡次进犯,以要挟册封通贡,张居正不受要挟,不做城下

河防一览图(局部)
这是现存绘制年代最早的大型黄河、运河全图。具有极高的文物和艺术价值。万历六年(1578年),张居正推荐、起用前总理河道都御史潘季驯治理黄河、淮河,兼治运河。万历十八年(1590年)潘季驯绘此图,黄河为黄色,运河及其他湖泊为绿色,清晰地反映了他之前三年在河南、山东、南直隶(今江苏、安徽)修筑堤防的情况,在图中对万历年间河患、地势险情和河防需注意的问题均作了文字说明。现藏于中国国家图书馆。

之盟,坚决不准东部鞑靼通贡。对边方少数民族采用分而治之政策。明朝和土默特部蒙古在大同、宣府、甘肃等地立茶马互市,保持贸易往来,俺答长久没有来犯边关。

张居正是一个务实的改革家,他的改革政策大都针对弊病,因而卓有成效。由于改革触及一些权贵的利益,加上他的权柄太大,张居正去世后遭到非议和诬陷。万历十一年(1583年)三月,张居正去世后9个月,神宗下诏尽削张居正官秩,追回所赐玺书、诏命,并抄了他的家。张居正的改革成果也大多付之东流。

> 1521年—1593年

渭貌修伟，音朗然如鹤唳，常中夜呼啸，忽群鹤应之。永田月诚所谓鬼才也。不得志于时，事事求死，以为造化无生渭处，而渭卒生。

——《罪惟录》

书画奇才，词坛飞将

生前穷困潦倒，死后万人崇拜，连郑板桥也只愿做他的"门下走狗"。这就是明朝书画奇才徐渭，一个生性豪放、文武双全的天才人物。

出身
绍兴府山阴官宦世家

职业
文学家、书画家、戏曲家、军事家等

主要成就
开"泼墨大写意"之风；
创建"青藤画派"；
助胡宗宪擒徐海，诱汪直

主要作品
狂草《代应制咏剑草书轴》和《代应制咏墨草书轴》；
画作《墨葡萄图》轴、《山水人物花鸟》册、《牡丹蕉石图》轴；
杂剧《四声猿》；
南戏理论专著《南词叙录》

徐渭
徐渭（1521年—1593年），字文长，号青藤老人、天池山人等，中国明代文学家、书画家、军事家，山阴（今浙江绍兴）人。他在诗文、戏剧、书画等各方面都取得了不凡的成就，与解缙、杨慎并称"明代三大才子"。

才名早扬，失意科场

徐渭（1521年—1593年），浙江山阴（今绍兴）人。他是父亲晚年纳妾所生，出生后百日丧父，10岁时生母又被嫡母苗氏逐出家门，幼年夺母，对徐渭是一大刺激。14岁时，苗氏去世，他只能寄人篱下，跟随同父异母之长兄徐淮生活。然而他聪颖异常，文思敏捷，享誉远近。经历世态炎凉，使他既孤傲自赏，又沉郁偏激。徐渭成年后，性格多猜、恣肆而敏感，时常中夜长啸，宣泄胸中悲愤。

徐渭20岁中秀才，次年入赘绍兴富户潘家，并随岳父游宦阳江（今属广东）。妻潘氏十分体贴，以少女的真情和温柔，慰抚了徐渭的孤独，给他带来了生活的新意和希望。因而这段时间的徐渭，生活颇为惬意乐观，对前途充满了美好的憧憬，还与山阴文士萧勉、陈鹤、柳文等结为文社，时称"越中十子"。孤芳自赏的徐渭，转而博采众长，文学与艺术修养得到迅速提高。

然而命运多舛，徐渭两次参加绍兴府乡试，都名落孙山。灾祸接踵发生，徐家财产先被豪绅无赖霸占，后爱妻潘氏又得病去世。接二连三的不幸使徐渭茫然不知所措，辗转之后，生活无着落的徐渭，只得以城东一破屋为居，招收学童，教私塾糊口。他不顾世俗的偏见，将身份低贱的生母接来同住。

题墨葡萄诗

半生落魄已成翁，
独立书斋啸晚风。
笔底明珠无处卖，
闲抛闲掷野藤中。

——徐渭

幕僚生涯，屡发狂疾

嘉靖三十七年（1558年）冬，浙闽总督胡宗宪因久闻徐渭之名，招徐渭入其幕府，充当幕僚。徐渭知兵法，多计谋，随总督府移驻沿海各地，协助胡宗宪平定倭寇。徐渭身在军营，疏狂之习无改，经常与人豪饮，大醉啸歌，幕中有急事，召他不得，便深夜开着大门等待。当时胡宗宪权势威严，文武将吏参见时都不敢抬头直视，而徐渭头戴破纶巾，身穿白布衣，闯门直入，纵谈天下事，旁若无人。胡宗宪对他也格外优容，不仅赠银让他购得房产，让其不再寄人篱下，还帮他续弦，娶了漂亮女子张氏。

嘉靖四十一年（1562年），胡宗宪因严嵩案受弹劾，总督府解散，徐渭回到了绍兴。后来胡宗宪再次被构陷，死于狱中。徐渭闻讯后非常恐惧，以致精神失常。他在狱中写下《自为墓志

明·徐渭·蟹鱼图
纸本，墨笔，现藏于北京故宫博物院。徐渭的这幅画被评为"走笔如飞，泼墨淋漓"，每一笔看似草草，若断若连，实际上有气势贯通其间。

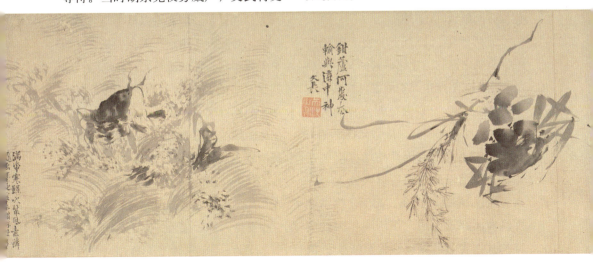

青藤书屋的庭院
位于浙江省绍兴市越城区前观巷大乘弄10号,是徐渭的出生地和读书处,因此也成为青藤画派的起源地。

铭》,以铁钉贯入耳窍,鲜血四溅,医治数月才愈。后又反复9次自杀未遂。嘉靖四十五年(1566年),他狂病发作时产生幻觉,以为继妻张氏与人通奸,将其杀死。徐渭下狱后,幸得礼部侍郎诸大绶、翰林编修张元忭出手营救才保住性命,出狱时已53岁。

万历四年(1576年)夏,徐渭应好友吴兑之邀北上宣化,其间又过居庸关赴塞外,至辽东寻李成梁,授其子李如松兵法,结识蒙古首领俺答的夫人三娘子。徐渭60岁时,应张元忭之招去北京,但不久两人因性格冲突而关系恶化。徐渭情绪郁愤,旧疾复发,在京居住了3年重回家乡。此后,徐渭就再没有离开过山阴。徐渭晚年因贫病交加,靠卖书画糊口,常至断炊。但达官显贵登门求字画,他都拒绝。他时而于酒肆豪饮狂啸,时而自持斧毁面破头,精神病症状日益严重。万历二十一年(1593年),徐渭在穷愁老病中去世,享年73岁,死时身边唯有一狗与他相伴。

书画奇才,词坛飞将

徐渭的才华,在"八股文"之外得到充分的显示。他30岁以后学习书画,一发不可收,于山水、人物、花卉、鸟兽无所不精。他的泼墨写意花鸟画,别开生面,自成一家。他的画风大刀阔斧,酣畅淋漓,不求形似求神似,将人生体验倾注到笔墨之中,画中跳动着强烈情感。他的《墨葡萄图》是大写意花卉的代表,墨的浓淡展示叶的质感,形态布局不规则的题诗,如葡萄藤蔓般在空中蔓延,书画融为一体。他的诗文书画,融为一体,主观色彩强烈,为后世反传统束缚的画风创造出了发展空间，致使"扬州八怪"的代表郑燮（郑板桥），也甘愿做"青藤门下走狗"。

徐渭的书法和明代早期书坛沉闷的气氛对比显得格外突出，他最擅长气势磅礴的狂草，字如其人，用笔狼藉。他对自己的书法极为喜欢，自认为"书一，诗二，文三，画四"。他的行草书更是追求极端个性化，以粗犷强劲的线条，宣泄出自己狂傲不驯的气质，如堆岭破云，狂花扑水，打破了明朝"台阁体"的千篇一律，被称为"八法之散圣，宁林之侠客"。

徐渭对明代的拟古文风极为反感，认为拟古不过如鸟学人语，即使学得再好，也毫无内在的真实价值。他主张诗歌应表达自己对人生的真切感受，有感而发，因而他的诗文自成一格，豪迈放逸，横冲直撞，放浪形骸，呼啸而起，表达了对专制体制的激烈反抗。

徐渭对民间文学也有爱好。他潜心研究南戏剧本，写下《南词叙录》，是中国第一部关于南戏的理论专著。徐渭亲自创作戏曲，兼取南北戏曲之长，写成杂剧集《四声猿》，高华爽俊，洋溢着反抗与革新的精神，大戏曲家汤显祖赞徐渭说"此牛有千人之力"，对于《四声猿》的剧本，非常激赏，誉之为"词坛飞将"。

明·徐渭·榴实图

纸本，墨笔，现藏于中国台北"故宫博物院"。徐渭以强劲的笔力画石榴一枝，右上方题识："山深熟石榴，向日笑口开。深山少人收，颗颗明珠走。长文。"

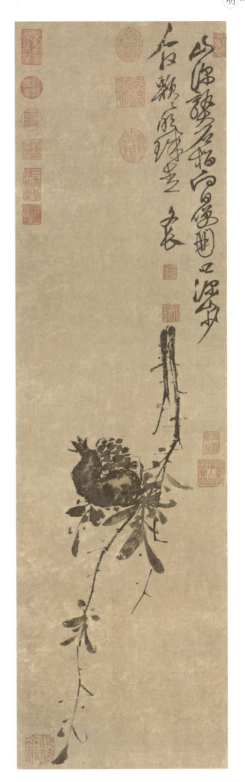

少年中国史

▶ 1550年—1616年

十八年，帝以星变严责言官欺蔽，并停俸一年。显祖上言曰："言官岂尽不肖，盖陛下威福之柄潜为辅臣所窃，故言官向背之情，亦为默移……"帝怒，谪徐闻典史。

——《明史》

绝代奇才汤显祖

恶官场之黑暗，拒攀附于权贵，负一身才华别仕途回乡，寄情于戏曲创作，用一腔热血写成"临川四梦"，400年来盛演不衰。人誉"东方莎士比亚"。

出生地

江西汤家山（今江西抚州）

信仰

佛教

职业

戏曲作家、文学家

代表作品

《紫箫记》《牡丹亭》《南柯梦》《邯郸梦》

汤显祖

汤显祖（1550年—1616年），字义仍，号海若、清远道人，晚年号海若士。明代末期戏曲剧作家及文学家，被誉为与莎士比亚同期及影响力相等的伟大文学家。除了创作戏曲，汤显祖还是一位杰出的诗人，且通晓天文地理、医药卜筮诸书。

官运不济

汤显祖出生于书香世家，5岁时开始读书，13岁时通习古文诗词，14岁考中秀才，以善属文闻名乡里，21岁中举人，以少年有才名播于海内。万历初年，大学士张居正为了帮助自己儿子中第，网罗天下才子与其子同习科考。他早闻汤显祖之名，命其子延请，却被汤显祖谢绝。汤显祖不肯攀附权势的清傲性格，注定了一生孤傲清贫。

拒绝内阁首辅的招揽，显然不会给汤显祖在科场带来好运，他接连两试不第，直到张居正死后才得中进士。与他同科进士的两个内阁大学士之子慕名应许他同选翰林庶吉士，他再次拒绝，自请往南京任官太常寺博士，几年后就迁南京礼部祭祠司主事。当时南京商业繁华，戏馆众多，剧演频繁。汤显祖经常看戏，开始了戏剧创作的尝试。"临川四梦"之一的《紫箫记》便创作于此时。

汤显祖虽已经与世无争，不求建功树名，但当面对腐败黑暗的政治时，他又挺身而出成为一位锋芒毕露的斗士。万历十八年（1590年），汤显祖上疏弹劾失职官僚，痛斥统治者腐败，引起神宗恼怒，因此被贬职为徐闻典史。汤显祖做了8年地方父母官，但始终无法适应官场的丑恶，万历二十六年（1598年），他趁任满述职时弃官。他拒绝了抚按官员的复用，已决心离开丑恶的官场，将全部热情投入到戏曲创作之中去。

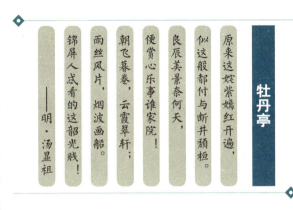

牡丹亭

原来这姹紫嫣红开遍，
似这般都付与断井颓垣。
良辰美景奈何天，
便赏心乐事谁家院！
朝飞暮卷，云霞翠轩；
雨丝风片，烟波画船。
锦屏人忒看的这韶光贱！

——明·汤显祖

临川四梦慰平生

万历二十六年（1598年）七月，汤显祖移家沙井新居玉茗堂。当年秋天，汤显祖创作完成了《牡丹亭》。他在《题词》中写道："情不知所起，一往而深，生者可以死，死可以生。生而不可与死，死而不可复生者，皆非情之至也。梦中之情，何必非真。天下岂少梦中人耶？"他在《牡丹亭》中塑造的主人公杜丽娘和柳梦梅，均是反叛正统的主流思想人物。正是这种自由而叛逆的真诚爱情，震撼人心，以至于扮演杜丽娘的名伶商小玲，唱至《寻梦》一段时，哀痛过度，竟死在舞台之上。正是这种强烈的艺术震撼力，使《牡丹亭》家传户诵，经久不衰。

在激情的驱使下，汤显祖又创作了《南柯梦》和《邯郸梦》。汤显祖在《南柯梦》中，借用蚂蚁国的故事写出

《牡丹亭》插图
汤显祖杂剧。杜丽娘游园伤春，梦书生折柳伤情，竟至一病不起，死后魂魄不散，寻觅梦中情郎不止。三年后，真等到书生柳梦梅来掘棺复生，共结情缘。

汤显祖纪念馆
位于浙江省遂昌县，是在明朝末年的民居建筑陈家大屋的基础上修整而成。

了一个乌托邦社会。淳于棼被槐树中蚂蚁国招为驸马，任南柯太守。淳于棼励精图治，将南柯郡治理得国泰民安。24年后，公主病故，淳于棼回朝后变得腐化，最终被发遣还人间，醒来方知原是南柯一梦。最后，淳于棼被契玄禅师斩断了与公主的情丝，终于悟得四大皆空，立地成佛。

《邯郸梦》写卢生酒店中遇见神仙吕洞宾，论大丈夫应该出将入相。吕洞宾为了点醒卢生，用瓷枕让他入睡。卢生梦中与崔氏成亲，又通过关系得中状元，却因得罪主考官，于官场争斗中几度沉浮，最终当上丞相，出将入相60年，最后叹一声"人生到此足矣"而溘然去逝，崔氏哭声惊醒了卢生。睁开眼店中的黄粱饭尚未蒸熟。卢生由此幡然大悟，跟随吕洞宾而去。

汤显祖辞官归乡后的3年，是他一生戏曲创作的高峰时期，"临川四梦"中的后三梦都创作于此期间。"临川四梦"是思想性与艺术性的完美结合。尤其是《邯郸梦》仅用30折，写出了官场中错综复杂的黑暗关系，其高超的写作技巧受到许多戏剧评论家的赞叹，"技出天纵，匪由人造……200年来，一人而已"。

晚年贫困

"临川四梦"完成后，有些戏曲家认为剧本不符合曲律，进行了部分修改。这种为了形式而做的改动，忽视了剧本的内在思想情感，破坏了原作的主旨，这显然是与汤显祖的创作初衷背道而驰的。所以汤显祖一再教导伶人演出《牡丹亭》要依据他的原本。汤显祖晚年没有继续戏剧创作,而是将主要精力放到了指导名伶的演出上。

万历四十一年(1613年)四月间,汤显祖家中失火,他的藏书受到了极大的损失。汤显祖将自己的感情寄托于戏剧创作和书籍之中,常指着堆满床头的书对人说:"有此不贫矣。"书籍毁于大火,对汤显祖是一个很大的打击,使他更感到命运的无情。

汤显祖的晚年是在贫穷中度过的。他虽然厌倦仕途,却又希望儿子在科举中成功。他的长子蘧儿在求学途中病死异乡,汤显祖晚年还在梦见他"地下成进士"。万历四十三年(1615年),三儿开远中举,对于这位风烛残年的老人是个慰藉。万历四十四年(1616年)春夏之际,汤显祖写下了《诀世语》,与这个世界诀别,七月

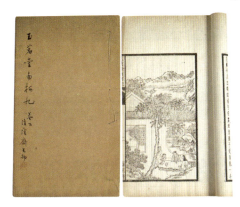

《南柯记》书影

二十九日,汤显祖溘然而逝,终年66岁。

汤显祖生活在中国历史上最为黑暗的时刻,以其不朽的伟大作品,在漫长的黑暗中给人光和热。日本著名戏曲史家青木正儿,将汤显祖与莎士比亚并列,他赞叹这两位"东西曲坛伟人,同出其时,亦奇也"。汤显祖不仅以戏曲而表现其伟大,也因其人格气节为我们所景仰。

东西方文化巨擘汤显祖与莎士比亚

汤显祖	莎士比亚
1550年—1616年,中国明末戏曲杰出剧作家及文学家	1564年—1616年,英国文学史上最杰出的戏剧家和文学家
生活在明朝晚期,王阳明的"心学"主张冲击着程朱理学,引发了追求自由的个人主义和博爱主义思潮	历经伊丽莎白和詹姆斯一世时期,在欧洲文艺复兴的洗礼下,逐渐确立了以人为中心的价值观念
5部传奇剧及2000多首诗,最具代表性的是《还魂记》,又名《牡丹亭》	37部戏剧、154首十四行诗、两首长叙事诗,戏剧最高成就是悲剧,代表性作品是《哈姆雷特》
艺术特色上用韵任意,不局限曲律;情节奇幻浪漫,擅长以情入文	艺术特色上坚持现实主义创作原则,追求自然的表演理论,情节生动丰富,人物语言性格化
因生活经历所限,作品题材相对集中	因丰富的生活经历,作品题材广泛

1565年

帝得疏，大怒，抵之地，顾左右曰："趣执之，无使得遁！"宦官黄锦在侧曰："此人素有痴名。闻其上疏时，自知触忤当死，市一棺，诀妻子，待罪于朝，僮仆亦奔散无留者，是不遁也。"帝默然。

——《明史》

抬棺上疏的海瑞

为计民生，敢于逆鳞；为惩贪霸，不畏强权。一代青天，离世后竟家无余财，赖同僚捐治葬具。但在万余市民真心悲伤的泪水为其在历史上塑造了一座丰碑。

时间
1565年

背景
明世宗嘉靖帝沉迷道教，导致奸臣主政、亲情淡薄、君臣离心、天下崇道

行为
遣散家中人，雇人抬棺上疏

作品
《治安疏》《海忠介公集》

性格特征
刚正不阿、清廉爱民

海瑞
海瑞（1514年—1587年），字汝贤，号刚峰，谥忠介，祖籍福建泉州泉安，生于琼州府琼山县（今海南海口），海瑞一生经历了正德、嘉靖、隆庆、万历四朝，去世后在民间留下了许多传说故事。

立志用世，不畏强权

海瑞（1514年—1587年），琼州琼山人。父海瀚，为廪生，读诗书明大义，安贫乐道。母谢氏持家有方，有节气。海瑞4岁时父亲去世，便与母亲相依为命。海瑞自幼有用世之志，成年后常与同道纵谈古今，作文自砺。他认为，人生于天地之间，要学圣贤，不做乡愿，否则"不如速死"。青年海瑞已经养成节俭、爱民、刚正不阿的性格，并一生付诸实践。

海瑞科场并不顺利，36岁才中举人。此后两次进京参加会试，皆榜上无名。在这期间，他展示出政治才干，上疏陈述经略琼州的方针大政和具体措施。海瑞则不同凡俗，逐渐看清了科举取士的种种弊病。他毅然不再参加会试，而是听从吏部安排职位。

嘉靖三十二年（1553年）闰三月，海瑞被授为福建延平府南平县教谕，即县校之长。他一到任，就立《教

约》，做《规士文》，重申规章纪律，整饬士风。他强调教官学吏为人师表，应遵守礼仪、尽心教导、恪尽职责、严禁受贿；生员则应遵循朱子的五伦之目，懂得修身、处事、接物之要。他还要求教官和学生修身以礼，"不许行跪"，严禁造谣中伤，搬弄是非，朋党为奸，这些教育主张都贯彻了海瑞"以礼为教"的思想。海瑞还颇有些民主作风，他说："兴善除弊，尚未尽识，容与诸生会议。"海瑞的这些措施，对于挽救当时日益败坏的士风，起到了一定作用。

到校当年，延平府督学官莅校视察，诸教官皆左右跪拜迎接。唯独海瑞拒不跪拜，仅长揖而已，由是得了个"笔架博士"的雅号。督学官因此怀恨在心，百般刁难，海瑞愤然辞职。后经有司再三慰留，始复教谕之职。嘉靖三十七年（1558年）春，海瑞因成绩显著，被授为浙江严州府淳安县知县，步入政界。

丈田均赋，革弊兴利

淳安，地瘠民贫，田亩悉归豪强，穷者食不果腹，百姓疾苦万状，"民之逃亡者过半"。海瑞抱着革弊兴利、改善民生的心志来到淳安，探访民情，发现淳安赋役不均，浮粮数多，大户将税负转嫁到贫户头上；又因淳安乃新安江渡口，官舫频至，迎来送往，劳

海瑞亲笔书信
从海瑞现存的书法作品来看，以行草最出色，笔力矫健，结体奇崛，小楷亦规整可观，有古拙之气。

民伤财。于是定《兴革条例》36项，清丈土地，度田均税，同时清查积弊，革除冗役，缓解民困。

是年，浙直总督胡宗宪之子经淳安，依仗权势，索取供应不得，竟吊打驿吏。海瑞得讯，当即下令拘禁之，没其钱财入库。然后去信报告胡宗宪，说此人为非作歹，还冒充总督公子，真是胆大包天。胡宗宪有口难开，只好作罢。

严嵩的党羽鄢懋卿贪婪成性，奉命巡查盐务，欲取道淳安。海瑞以"邑小不足奉迎"去信阻止他，鄢懋卿不得不怀恨绕道而去。这两件事让淳安百姓拍手称快。海瑞"爱民如子，视钱如仇"，百姓和公家的便宜他都分毫不占。海瑞离任之日，淳安百姓放声痛哭，"如丧父母"。

海瑞治理淳安四年，因政绩卓著调任江西兴国县知县。海瑞任兴国知县一年有余，再次因功被荐，应召入京。

冒死上疏，抨击皇帝

嘉靖四十三年（1564年）十月，海瑞升为户部云南清吏司主事。世宗中年以后，崇道修仙，拒绝劝谏，以致民不聊生，怨声载道。嘉靖四十四年（1565年）十月，海瑞犯颜直谏，抨击世宗。该疏名曰《治安疏》，由于是关于天下第一重要的大事，故又称为《直言天下第一疏》。

此疏一出，海瑞立刻名震天下，无人不知海主事"骂皇帝"。海瑞料想触逆龙鳞必死无疑，因此买好棺材，告别家人，从容待罪。世宗果然震怒，将该疏掷之于地，命令左右：赶快把海瑞抓起来，别让他跑了。宦官黄锦说：海瑞素有痴名，外面风传他自知必死，已备好棺材听候处置。世宗默然。一会儿，又拿来读一遍，若有所动。次年二月，世宗想起来又发怒，以"骂主毁君，悖道不臣"之罪，逮捕海瑞，杖六十，下狱。

这年十二月，世宗病逝，穆宗即位，海瑞获释。当时大学士高拱指使同党齐康等人奏劾内阁首辅徐阶。海瑞上疏支持徐阶，斥责高拱为人"狡且凶"，齐康颠倒是非。结果齐康被贬外任，高拱落职闲住。海瑞因此被高拱痛恨。

巡抚江南，挫抑豪强

隆庆三年（1569年）六月，海瑞晋升都察院右佥都御史，巡抚应天十府。应天十府是明代经济、文化最为发达的地区，但因豪强巨室盘根错节，素有"繁剧难治"之名。海瑞到任后，做了几件大事：

一是整饬吏治。当时不法官吏与豪绅大户串通，贪赃枉法，祸害百姓。据此，海瑞先后颁布条例，严令禁止"请客送礼"等十二大风气，断绝官吏与豪强大户的不正当联系。令既下，各州县属吏作风凛凛，都像变了个人。贪官则挂印而去，豪强巨室"敛手屏息"，甚至逃至他省。

二是勒令退田。嘉靖以来，兼并盛行，乡官豪绅大肆掠夺田产。为躲避赋役，农民和小地主宁肯把田地献给贵族，做佃户，名曰"投献"。海瑞到任后，勒令受献者退还夺人之田，或者允许赎回。此令得到贫苦农民的热烈拥护，但终因豪强巨室的强烈抵制而中止。

三是兴修水利。海瑞巡抚江南时，吴淞江泛滥成灾，灾民家破逃亡。海瑞提出用"以工代赈"（即按工给银、救济饥民）的办法，召集饥民疏通吴淞江和白茆河。救济饥民数十万人，用银五六万两，且根除了水患，可谓一举两利。

海瑞巡抚期间实行的虽然只是局部的改革，但已经触犯了江南官绅的利益，他们和朝廷内部勾结，千方百计想赶走海瑞，恢复旧政。隆庆四年（1570年）正月，多位官员弹劾海瑞，高拱趁机罢免了海瑞应天巡抚的职务，海瑞罢官回乡。

退居林下，关心国事

海瑞罢归乡居，依然关心国事，尤以吏治为急，常为地方府县官员指点政令。他上书两广军门，提出御倭剿倭的策略；两次去信浙江布政司，详陈地方安危和自己在淳安的施政经验。

隆庆六年（1572年）五月，穆宗卒。六月，神宗即位。同月，高拱被逐，张居正出任内阁首辅。次年，京师会试，张居正以子托会试总裁吕调阳，众议沸腾。海瑞闻之，立即致信吕调阳劝其勿徇私情。海瑞则因此得罪张居正而不得出山。

万历五年（1577年），有人冒用海瑞之名，拟疏指责张居正"夺情"，不回籍守孝。张居正派御史渡海到琼山探察海瑞的行迹。海瑞以实相告，杀鸡做菜招待，御史见房屋居舍冷清简陋，遂叹息而去。

任劳任怨，一生清贫

张居正逝世后，海瑞因众望所归，被诏任南京吏部右侍郎。这时海瑞已经闲居16载，年逾70。他思虑再三，最终在"忠君报国"思想驱使下，渡海北上。海瑞上任后即洞察时弊，颁布告示解决五城兵马司扰民问题；制定《夫差册》，均徭役，苏民困。海瑞因上疏神宗请求恢复太祖"剥皮法"等重刑，再次受到政敌弹劾。海瑞见振风肃纪无望，遂连续上疏乞归田里。先后七次，皆未获准。万历十五年十月十六日（1587年11月15日），海瑞卒于南京都察院右都御史任上。享年74岁，无子。赠太子少保，谥忠介。

海瑞一生爱民、忠君。他官至正二品，作古之时，家里所用的粗布帷帐和破烂竹器，却是连贫寒人家也不愿用的。金都御史王用汲见此景，失声痛哭，同僚们凑钱为他办丧事。百姓闻讯，罢市数日，哭声震天动地。海瑞灵柩乘船回乡，戴孝的人站满两岸，哭着祭奠的人百里不绝，家家都绘像祭祀他。

海瑞墓
墓址在海南省海口市西郊滨涯村，建于明万历十七年（1589年），是明神宗下旨修建的。

明嘉靖年间

金华、义乌俗称慓悍,请召募三千人,教以击刺法,长短兵迭用,由是继光一军特精。又以南方多薮泽,不利驰逐,乃因地形制阵法,审步伐便利,一切战舰、火器、兵械精求而更置之。"戚家军"名闻天下。

——《明史》

戚继光抗倭

鸳鸯阵、两仪阵、三才阵,阵阵要命;守蓟门、援辽东、御鞑靼,战战告捷。军事家、兵器专家、军事工程家,著作流世,美名永留。

时间
明嘉靖年间

地点
中国东南浙、闽、粤沿海

主力抗倭
戚家军

主要指挥官
戚继光、胡宗宪、俞大猷

戚家军特点
严明的军纪、职业化的训练、最先进的装备、针对性的阵法

戚继光
戚继光(1528年—1588年),明朝军事家,官至左都督、太子太保加少保。嘉靖、万历年间,率戚家军于浙、闽、粤沿海诸地抗击来犯倭寇,历十余年,大小八十余战,为明朝疆域的稳定做出了卓越贡献。

初露锋芒

戚继光(1528年—1588年),字元敬,号南塘,晚年易号孟诸。他出身于山东登州卫一个世袭军官之家。戚继光自幼文武兼修,17岁时承袭山东登州卫指挥佥事的世职,开始了长达45年的戎马生涯。戚继光非常担忧倭寇之患,曾写诗"封侯非我意,但愿海波平",表露他的宏大心愿。嘉靖三十四年(1555年)七月,戚继光被调往浙江,管理屯政。不久又被升为参将,负责防守倭寇出没频繁的宁波、绍兴、台州一带。29岁的戚继光终于获得了大显身手,实现"海波平"理想的机会。

戚继光上任不到一个月,就有一股800余名的倭寇进犯浙中门户龙山所(今属镇海)。朝廷调集了数千军士防守,倭寇兵分三路突入明朝各部军队。

明军在数量上占据绝对优势，但面对组织严密的倭寇小分队，竟然纷纷溃退。直到戚继光奋不顾身射死三个倭寇头目时，倭军才退却。十月，倭寇再次进犯，在浙江巡抚阮鹗的亲自督领下，戚继光、参将俞大猷和台州知府谭纶三位抗倭英雄首次协同作战，连败倭寇。但由于冒险轻进，明军纪律不严，差点全军覆没。历经几次战斗，戚继光深深地感到，明军缺乏训练，军纪松弛，战斗力弱，必须另行组建和训练一支新军，才能抵御凶悍的倭寇。戚继光先后两次向上司提出选兵、练兵的建议，请求选拔3000名士兵，严加训练。同僚们认为这事不归他管，嘲笑他多管闲事。总督胡宗宪最终同意了戚继光的请求，从别部选拔了3000名绍兴士兵归戚继光训练。不出一个月，舟山一带倭患大有减轻。

嘉靖三十七年（1558年）四月，戚继光奉命率军由舟山渡海防守台州，多次取得小规模的胜利。当时，倭酋汪直被胡宗宪诱杀后，余部占据岑港。岑港是倭寇经营多年的老巢，明军分几路强攻岑港，难以攻破，相持达半年之久。这时竟有人弹劾戚继光"通番"，世宗听信谗言，竟准备拘捕戚继光加以审讯。幸而正在这时，岑港被攻破。戚继光奋勇冲杀有目共睹，"通番"罪名因而成为无稽之谈。后来戚继光率军驰援倭患最烈的台州地区，接连剿退倭寇，初步展示出优秀的军事才能。

组建"戚家军"

戚继光始终没有放弃练兵的计划。由于以前拨给他的3000名军士，并非戚继光亲自拣选，其中多为市井油滑之徒，在作战过程中出现不少问题。于是，嘉靖三十八年（1559年）秋，戚继光第三次提出练兵建议，希望亲自募兵。

当时，义乌百姓为争夺开矿权，与永康矿夫发生大规模械斗，双方勇猛异常，戚继光就请募兵义乌，此时义乌县令赵大河也上书胡宗宪，建议募矿夫当兵，以减轻械斗。胡宗宪于是命赵大河协助戚继光招募义乌矿夫。其中有个名为王如龙的矿夫首领，"闻檄而率子弟出山"，成为戚家军的中坚，王如龙后来也成为威震东南的猛将。戚继光认为士兵忌用城市游滑者，宜用乡野村夫，宁用蛮横之徒，不用"服从官府

明朝远洋航海时使用的封舟图

者"。戚继光很快就挑选到了4000名精壮,前往绍兴进行训练。

戚继光制定了切实可行的训练方案。首先,用卫国保家的思想教育士兵。其次,加强军纪,严明赏罚。将紧要号令编印成册发给士兵熟记,要求军官与士兵同甘共苦。他还强调要赏罚分明,绝不徇私。最后,十分重视武艺的练习。戚继光对士兵们说,学习武艺是为杀敌保命,不要做不学习武艺、不要命的呆子。

另外,根据东南沿海的复杂地形,针对倭寇的特点,戚继光创立了"鸳鸯阵"。这种阵法以十二人为一队,队长居前,次随二人,一执五角星藤牌,一执圆藤牌,再次两人执狼筅,后继四人持长枪,再两人持"镗钯"殿后,最后一名为伙夫。长短迭用,分工合作,使一队成为攻守结合的有机整体。在"鸳鸯阵"外,再配上铳弩,就组成了步军大营。4000名新军经过戚继光两个月严格而有效的训练,"无不以一当百",成为打击倭寇的中坚力量,"戚家军"之名遂威震天下。

台州大捷

嘉靖三十九年(1560年)三月,戚继光任分守台州、金华、严州三府的参将,一面训练步军和水师,一面整饬当地卫所武备,使浙东防务得到很大提升。嘉靖四十年(1561年)四月,两万倭寇乘战船百艘大举进犯浙江沿海各地。五月初,大批倭寇由象山海口侵入宁海,企图牵制明军主力,乘虚直攻台州。戚继光识破倭寇的真实意图,在台州部署精兵后,亲率大军赶往宁海。倭寇以为得计,派兵直犯台州城。戚继光闻讯,挥师南下,后发先至,在台州城下以鸳鸯阵大败来犯倭寇,追出40余里,俘斩敌人数百,其余倭寇全部溺毙江中,解救5000多名被掳百姓。不久,倭寇后续部队窜至台州东北大田一带,谋袭处州(今丽水),戚继光侦知敌讯后,在其必经之路上设下埋伏,以少胜多,以1500人全歼倭寇2500人。此后,他又在台州一带取得陆战七捷、水战五捷的战果。与此同时,总兵官卢镗等人

临海古城墙敌楼
浙江省临海市古城墙上的空心敌台,戚继光所创,始建于明嘉靖年间。戚继光富有创造性地在长城上修建空心敌台,进可攻退可守,是极具特色的军事工程。

也取得剿倭胜利。这样，浙江的倭寇基本上肃清了。这年九月，戚继光因在台州之战中连战告捷，晋升为都指挥使，当地百姓修生祠纪念戚继光的功绩。不久，戚继光再次募兵义乌，使戚家军的总数增加到6000多人。

在台州大捷的前后，戚继光在戎马倥偬中，总结了自己练兵及与倭寇作战的经验，编写成《纪效新书》。此书不尚空言而讲求实效，不拘泥古法而有所创新，通俗易懂，实用性强，是中国古代军事史上的经典名著。

挥师闽粤

由于戚继光镇守浙江，倭寇开始转移肆虐福建。嘉靖四十一年（1562年）七月，戚继光率领6000名精兵抵达福建。当时，福建倭寇主力集中在横屿和牛田两地，互为声援。戚继光分析敌情，决定先破横屿。横屿岛四面水路险隘，岛边泥淖连绵，不利登陆。倭寇盘踞横屿三年之久，凭借地形构建了坚固的防御工事。戚继光首先攻破了与横屿相呼应的张湾，随即直攻横屿，强行登岛，仅半日就收复横屿，歼敌数百，救出百姓800余名。略作休息后，戚继光又率军突袭牛田，全歼倭寇。接着，戚继光夜袭逃往林墩（今莆田境内）的残敌，倭寇仅落水淹死的就达千人。兴化城（今莆田）市民得知喜讯，"牛酒劳不绝"。

戚家军入闽不到两个月，转战千里，荡平横屿、牛田、林墩的大倭巢，声名大噪。各地许多将官纷纷仿效戚继光，练起兵来，义乌成为最受欢迎的兵源地。戚家军回浙江补充休整时，福建倭寇闻讯庆幸说"戚老虎走了，还怕什么？"又卷土重来，混进了兴化城，烧杀抢掠，无恶不作。直到次年二月才自动退出，并攻陷了附近的平海卫。明廷命令戚继光再度率师援闽。

嘉靖四十二年（1563年）三月，戚继光率兵到达福清。按照作战计划，戚家军担任中路主攻，总兵官俞大猷、刘显军为左右两翼。四月二十日，在火铳猛烈轰击下以及左右两翼配合下，戚家军突破平海卫，擒斩敌人2200名，救还百姓3000余人。随后又围剿各地倭寇，在一个月内十二战皆胜，斩敌3000余名。十一月，新来倭寇2万余人侵入福建，围攻仙游城。戚继光闻讯后率军前往援救，以少胜多，乘大雾天各个击破，一举消灭倭寇，解救了被困50余天的仙游城。戚家军乘胜追击，连败残寇。至此，福建境内的倭患暂告平息，戚家军驻守在福建境内。

浙闽倭患平息后，广东潮州一带倭患又起。倭寇2万与大盗吴平相为犄角，肆行杀掠。嘉靖四十四年（1565年）春，戚继光出兵与俞大猷会合，共同讨伐吴平。戚家军水陆两路并进，大败吴平于梅岭。又追击至南澳岛，几乎全歼岛上敌人，吴平在官军追击之下，投海自杀。至此，经过十几年的艰苦战斗，肆虐东南的倭患终于平息下来。

明万历年间

倭方轻南面朝鲜军,承训等乃卸装露明甲。倭大惊,急分兵捍拒……火器并发,烟焰蔽空。惟忠中伤胸,犹奋呼督战。如松马毙于炮,易马驰,堕堑,跃而上,麾兵益进。将士无不一当百,遂克之。

——《明史》

援朝抗倭

万历朝鲜之役深刻影响了东亚形势。朝鲜从亡国到复国,付出了数十万军民伤亡的沉重代价;日本元气大伤,丰臣秀吉不久垮台,进入德川家康开创的江户时代。而明朝国力也受到极大消耗,辽东驻军严重削弱,边疆形势日益严峻。

史称
万历朝鲜之役、壬辰倭乱

地点
朝鲜半岛

时间
1592年4月—1593年7月(第一次),1597年2月—1598年12月(第二次)

参战方兵力
第一次:4万余人(明朝),无算(朝鲜),16万人(日本)
第二次:8万余人(明朝),无算(朝鲜),14万人(日本)

伤亡情况
明朝两次战争总共伤亡3万到6万,日军伤亡过10万,朝鲜无算

主要指挥官
李如松、麻贵、李舜臣、陈璘等;丰臣秀吉、小西行长、黑田长政等

结局
朝鲜复国,丰臣秀吉死,日军战败撤兵

国王乞师

日本战国群雄经过近百年的战争,到16世纪末期,终于一统于丰臣秀吉之手。万历十三年(1585年),日本天皇任命他为"关白"(摄政),又兼太政大臣。为了消除国内武士对土地分封不均的不满,丰臣秀吉决定对外发兵,以获取更多的土地。他在万历十九年(1591年)六月,派出使者宗义智通告朝鲜国王,表示他有意于次年春天假道朝鲜进攻明朝,并请予以协助。

丰臣秀吉
丰臣秀吉(1537年—1598年)是日本战国时代、安土桃山时代大名,日本战国三英杰之一。

东阙图
现收藏于韩国高丽大学博物馆及东亚大学博物馆。朝鲜宣祖万历二十年（1592年）日本丰臣秀吉派兵入侵朝鲜，在占领汉城前夕，景福宫与昌德宫、昌庆宫同时被朝鲜乱民焚毁。战后昌德宫被当作正宫使用，景福宫则闲置了273年。

在一切工作准备就绪后，丰臣秀吉以朝鲜拒助攻明为由，于万历二十年（1592年）四月正式侵略朝鲜。侵朝日军共计18万余人，舟师数百艘，分为九军，四月十二日在朝鲜釜山登陆，分兵北犯。"时朝鲜承平久，怯不谙战，皆望风溃"。日军迅速占领王京（今首尔），进而攻占平壤。在三个月时间里，日军几乎占领了朝鲜全国。朝鲜国王逃到中朝边境的义州，遣使向明朝告急，请求出兵援助。

对于明朝而言，朝鲜的突然沦陷令人难以置信。且朝鲜一味求援，却对战争具体细节语焉不详。当时有到朝鲜经商的福建海商，将听到的传闻报告朝廷说，朝鲜与日本是同谋。朝鲜国王为了让明廷释疑，反复派出使臣解释，并将日本威胁朝鲜的书信转呈给明朝，以表示朝鲜并无祸心。朝廷又招来曾出访过朝鲜的使臣辨别国王的真假，辽东也遣画师前来，秘密画下国王的相貌以资辨别。

第一次交战

六月，明朝辽东驻军发兵3000人开赴朝鲜，指挥官为副总兵祖承训、辽东游击史儒，由于情报失误和准备不足，明军全军覆没，史儒战死，祖承训只身逃回。败报传来，明朝大为震动。祖承训副总兵在其后上呈给杨绍勋总兵的报告里面，指出朝鲜提供的情报不实，平壤倭军估计有上万人而不是1000人。

神宗即命兵部右侍郎宋应昌为经

略,以提督陕西总兵李如松为东征提督,部署军事,前往支援。此时,战争的主导权落到中央兵部手里。九月己未,敕使薛潘晋见朝鲜国王协调军粮之事,薛潘欲以银来此换米。朝鲜国王以"地狭民贫,不识货银"为理由拒绝,明军必须自带粮食。

建州卫的女真人也提出援助朝鲜,努尔哈赤派使臣去朝鲜说:建州卫部下有兵马七八万,精勇惯战,愿意出兵朝鲜协助李如松抗倭。朝鲜拒绝了努尔哈赤的请求。

万历二十年(1592年)十二月,明军渡过鸭绿江,朝鲜官方记载,"天兵共计四万八千零五人"。次年一月,抵达平壤城外。平壤东南临江,西枕山陡立,迤北牡丹台高耸,地势险要,易守难攻,日军筑设炮台。按照李如松的部署,祖承训率领明军乔装为朝鲜军麻痹日军,力攻城南芦门。明军主力同时进攻平壤的南、西、北三个方向。李如松指挥攻城,城上日军炮矢如雨。李如松坐骑被击毙,仍换马再战。部将吴惟中被铅丸击中,也仍奋呼督战。祖承训率领的明军率先突破城南的芦门,接着其他城门也相继被明军攻占,小西行长见大势已去,率领残兵乘夜溃往东南。沿途又被明军伏兵掩杀。日军鸟铳虽威力强大,但明军配备数百门佛朗机等炮,"天兵之炮如天崩地裂,犯之无不焦烂……",史称"平壤大捷"。收复平壤后,明军与朝军乘胜追击,相继收复了开城、汉城等地。

在明军驰援的同时,朝鲜水师逐渐在海战中占据了主动权。朝鲜全罗道左水使李舜臣率领水师先后取得玉浦海战、泗川海战以及唐浦、闲山岛等战役的胜利,完全掌握制海权,使得日军无法运送军粮。

日军连战皆败,伤亡惨重,退到釜山一带。汉江以南千余里的朝鲜故土都被收复。然而在援朝抗倭战争即将取得完全胜利之际,明朝兵部尚书石星却力主与日和议罢兵,丰臣秀吉以和议为缓兵之计,不仅留驻釜山的日军始终未撤,而且暗中加紧准备,构筑倭城,企图卷土重来。

第二次交战

万历二十五年(1597年)正月,丰臣秀吉发动第二次对朝战争。这次准备更加充足,总兵力约为14万人。明朝以兵部尚书邢玠为总督,金都御史杨镐为经略,麻贵为提督,率明军3万余人再次赴朝。

六月,日军于釜山登陆后,兵锋极锐,接连攻破泗川、南海、光州、南原、全州、黄石山、金州、公州等地,汉城的屏障尽失,朝鲜局势再度危如累卵。麻贵为了拖住日军北上的攻势,命副总兵解生等率军2600人奔赴稷山北部伏击日军,击溃黑田长政的先头部队,明军后续部队接着击败黑田长政。日军惮于明军的野战能力,没有北上进攻汉城,丧失了战争主动权,不久日军全线撤退至釜山一带。

稷山之战结束后,明军在李如梅的率领下又于星州谷城和日军小早川秀包部激战,参将彭友德率领的中朝联军击退了日军毛利秀元部队。十二月,援朝明军与日军加藤清正部队大战于蔚山,日本援军源源而至,大雨使明军火器部队无法使用。再加上明军经略杨镐指挥失误,不得不仓促撤军,遭受了极惨重的损失。万历二十六年(1598年)九月底,明将麻贵再次包围加藤清正于蔚山,两军互有胜负。十月,总兵官刘綎、麻贵分道出击进攻日军,并大败对方。明军攻打日军泗川城寨时,大炮突然炸膛,引起大营火药库连番爆炸,全军登时乱成一片。日军见状,全力出击,又将泗川夺回。

战事再起之初,朝鲜水师几乎全军覆灭。无奈之下,朝鲜起用李舜臣,在全罗道右水营着手重建海军。万历二十五年(1597年)十月,李舜臣在鸣梁海峡设陷阱,乘退潮时在岸边设置了铁索与木桩,致使日军战船搁浅,歼灭日舰30余艘,并击毙日军400余人,击杀三岛水军的大将得居通年、来岛通总兄弟,再度重创了日本水师。

万历二十六年(1598年)十月,丰臣秀吉早已病死的消息传至朝鲜,日军士气因而受挫,企图从海上逃走,副总兵邓子龙和朝鲜统制使李舜臣,统率水军邀击于釜山南海,大败日军。老将邓子龙年逾七十,意气风发,直前奋击,日军死伤无算。邓子龙和李舜臣先后战死。立花宗茂、小西行长等人率领残兵败将仓皇逃回日本,援朝抗倭战争取得胜利。

万历二十七年(1599年)四月,明军班师回朝,万历皇帝升座午门,接受都督邢玠等献上的日本俘虏共61人,"付所司正法",枭首传送四方。次月,颁"平倭诏"诏告天下。

《倭寇图卷》(局部)
画卷展现的是倭寇与明朝官兵短兵相接的场面。

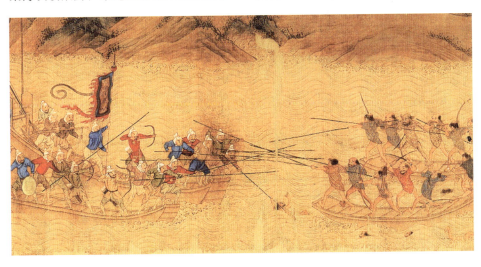

明朝海禁与倭患

明初,一些在国内失意的日本土豪与浪人来到中国沿海,武装走私,抢掠商民,称为"倭寇"。终明之世,一直存在倭寇问题,尤其是嘉靖年间,"倭患"最严重。但明初和嘉靖时期的倭患有所不同。

● 明初倭患

明朝初年,北朝统一日本,失意的南朝武士和浪人流落海上,盘踞海岛,出没于中国沿海,不时登岸剽掠。为防止倭寇,朱元璋颁布了海禁政策,对外实行严格控制的"勘合贸易";对内则规定凡私自携带铁货、铜钱、缎匹、丝绵等违禁物下海,及与外番交易者一律处斩,而且禁止私人制造具有二桅以上的出海大船。明朝政府在宁波设市舶司,允许日本商人持"勘合符"(即凭证)进行贸易,并督促日本足利幕府积极剿捕倭寇。

● 亦商亦盗

明朝中期以后,倭寇气焰又日益嚣张,出没海上,劫掠来往船只。嘉靖二年(1523年)四月,日本朝贡使团发生纠纷,杀死明朝官员,史称"争贡之役"。嘉靖帝闻讯大怒,撤销了市舶司,海禁更加严厉。在这种情况下,中国巨商便和海盗、倭寇相勾结,亦商亦盗,致使嘉靖时期倭患非常严重。当时就有人指出:"寇与商同是人,市通则寇转为商,市禁则商转为寇。"其中,徽州商人汪直等人率领的武装海盗集团实力最大。胡宗宪许以通商互市,诱捕汪直。汪直被捕后至死不承认通倭入侵之罪,仍祈求皇上开放海禁。汪直被处死后,由于群龙无首,倭寇之患又严重起来。

好太王碑

好太王碑全称"国冈上广开土境平安好太王碑",高句丽第20代王长寿王为其父亲第19代王好太王所立。位于吉林省集安市,发现于清末。碑身是以角砾凝灰岩粗凿而成,高6.39米,四面环刻隶书汉字,内容涉及高句丽建国传说、好太王功绩以及当时东北、朝鲜半岛与日本列岛倭人之间的关系。

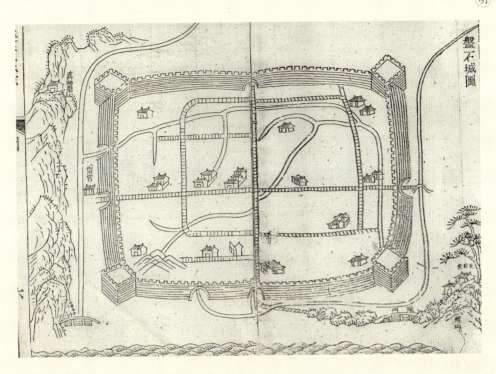

◉ 开放海禁

东南沿海数百万居民长期以来靠出海贸易为生,海禁政策剥夺了沿海居民的生计,促使他们铤而走险进行海上走私。曾任南京刑部尚书的王世贞描述了"民寇一家"的现象:"自节帅而有司,一身之外皆寇也!"因而有学者认为,嘉靖年间的"抗倭战争",实际上是一场由中国海商领导、广大破产农民参加的反抗明朝政府海禁政策的斗争,是新兴力量和保守势力之间的斗争。这场斗争,促使人们认识到海禁之弊,促成了隆庆年间的部分开放海禁。

明抗倭古城磐石卫城平面图
磐石卫城位于浙江乐清,据记载,明洪武八年(1375年),为防御倭寇的进犯,朝廷在乐清盘屿建卫,改名为"磐石",寓意"固若金汤,坚如磐石"。

九龙江油画
九龙江是中国福建第二大河,其出海口位于厦门、金门一带,其中位于出海口南岸的漳州月港乃明朝海禁时期,是明政府认定的四大走私港之一。

明万历年间

二十五年，皇极、建极、中极三殿灾。营建乏资，计臣束手，矿税由此大兴矣。其遣官自二十四年始，其后言矿者争走阙下。

——《明史》

矿使税监激民变

明神宗派出矿使税监到全国各地搜刮财富，他们仗恃皇权，打着奉命行事的旗号，凌驾一切，肆无忌惮，横征暴敛。其手段之毒辣，前所未有，激起了城市居民反矿监税使的"民变"和"兵变"。

时间
明万历年间

缘由
矿使税监搜刮财富，给社会各阶层带来了深重的灾难

表现形式
广大市民和诸生、乡绅或者受欺凌的中下层军官联合起来，驱除和制裁矿使税监

历史意义
"市民"阶层力量增长，主动维护自身利益

明万历·"金花银"银锭
从正统元年（1436年）起，明朝政府规定江南田赋折银征收，地方政府每年将收起的散碎银两铸成银锭上交户部。银锭上刻有地方名称、税别、重量、内耗及有关官员和银匠姓名等内容，称"金花银"。此锭是万历十六年（1588年）福建上交。

万历二十四年（1596年），神宗派太监到全国各地开矿，这些负责开矿者称为矿使。两年后，神宗又向各通衢大邑派设税监。矿使、税监往往是二位一体，主持开矿者，同时兼征税收。矿监肆意征用民夫，寻矿开矿，许多人无辜而死，富民也备受盘剥。税监巧立名目，米盐鸡豕无不征税。矿使、税监聚敛的财富，皇帝只得十分之一，矿使税监本人私吞二分，爪牙随从侵占三分，土豪恶棍瓜分四分。有些地方官吏则对差派的太监强硬抵制，如上饶知县李鸿下令禁止百姓向前来的太监潘相供给食物，违令者论死。潘相在山上寻矿终日，饥渴难忍，疲惫而归。矿使税监的强取豪夺激起了民众的强烈反抗，多地群众相继发动"民变"，驱除和殴打矿使税监。

御马监六品奉御陈奉被派到湖广地区，兼理矿税。他僭称"千岁"，胁迫官吏，劫掠

众。万历三十四年（1606年）三月，指挥贺世勋、韩光大等率市民万人冲入杨荣府第，放火烧房。在混乱中杀死杨荣，将其尸首投入大火之中。杨荣随从200多人丧命。在诸多民变中，监矿税使虽都像惊弓之鸟，但只有杨荣当即被杀。

尚膳监监丞高淮出任辽东税使时，恣横不法，强买强卖。他甚至调动兵将，干预军事，甚至与边将争功，扣除军士粮饷。万历三十六年（1608年）四月，前屯卫发生骚乱，士卒齐声呼喊"吃高淮的肉"。六月，高淮派人去锦州等地向军户索贿，军户愤怒，杀来人，聚众千余人围攻高淮衙门。高淮恐惧，奔入关内。因局面完全无法收拾，神宗才把高淮召回。

万历年间的民变遍布各地，规模巨大，动辄万人，城市劳动者（如机工）和商人起了主力军的作用，表明"市民"阶层开始初步形成。另外，在民变中市民各阶层和士大夫阶层联合行动，诸生、乡绅、受欺凌的中下层军官也加入进来。

明万历·带托金酒注
这是神宗生前的御用酒器，为明代官廷酒器之代表。通高21.8厘米，总重481.5克，1958年在北京明十三陵中的定陵地宫出土。定陵是神宗的陵寝，也是明十三陵中唯一一座被发掘了的陵墓。

行旅，坑害商贾，掠夺民女。人心大恨，到了"时日曷丧，予及汝偕亡"的程度。陈奉奉命境内掘墓寻宝，毒刑拷打民众，刀剖孕妇，溺死婴儿。民众以巨石还击，击伤了陈奉。陈奉发射火箭火炮烧毁民宅，致多人死亡。市民聚众数万攻打陈奉宅第，陈奉躲进楚王府不敢出门。市民们抓住陈奉左右16人，投入长江。

太监杨荣在云南采矿，恶贯满盈，杖毙民

明万历·金锭
金锭是1958年在定陵地宫出土，正反两面均有铭文：九城色金十两，万历四十六年（1618年）户部进到大兴县（今大兴县）铺户严洪等买完。可知这块金锭来自大兴县。

▶ 1562年—1633年

光启志不得展，请裁去，不听。既而以疾归。辽阳破，召起之。还朝，力请多铸西洋大炮，以资城守。帝善其言。

——《明史》

徐光启开"格物穷理"之学

徐光启是中国近代科学的先驱，是"睁眼看世界"的第一人，是沟通中西文化的先行者。他人格高尚，爱国恤民，他的一生事业，都是在追求和实践富民强国之策。

圣名
保禄（Paulus）

职业
科学家、政治家

信仰
天主教

主要成就
数学、农学、天文学等研究

代表作品
翻译《几何原本》，编著《农政全书》《崇祯历书》《考工记解》

徐光启
徐光启（1562年—1633年），字子先，号玄扈，南直隶松江府上海县人，中国明朝末年儒学、西学、天学、数学、水利、农学、军事学等领域学者。徐光启是促进中西文化交流的先行者，也是推动中国近代科学技术发展的先驱之一。

经世之才

徐光启幼时家乡遭倭患，生活窘困，家人辛勤从事农业、手工业劳动，他因此接触到具体的生产知识，也培养了富民强国的愿望和旺盛的求知欲。

万历九年（1581年），20岁的徐光启考中秀才，之后一直未能中举，35岁时，在赵凤宇家教私馆，并随到广西浔州，在那里遇见了耶稣会传教士郭居静，第一次接触西洋的自然科学学说。万历二十五年（1597年），徐光启上北京赴顺天乡试。他的试卷已被阅卷官摒弃，幸主考官焦竑是个有实学的人，从"落卷"中看到了徐光启的试卷，拍手称赞曰"此名世大儒无疑也"，拔置第一。

之后徐光启两次赴京试进士，均落第。万历二十八年（1600年），徐光启在南京结识了意大利传教士利玛窦，由此了解到天主教，神往其"格物穷理"之学，于是加入了天

主教。万历三十年（1602年），他43岁时再赴北京应礼部试，中进士，授翰林院庶吉士。

万历四十六年（1618年），后金破抚顺，警报迭至。徐光启积极上疏建议国防措施，皇帝让他赴河南管练兵事务。徐光启特别注重武器制造，尤其是火炮的制造。他的门生孙元化在辽东宁远等地铸造大炮，多次击退后金军队。后来由于阉党专政，正直人士受到排挤，徐光启急流勇退，托病请归上海，编撰《农业大百科》。

崇祯元年（1628年）七月，徐光启以原官起任，后又升至礼部尚书兼文渊阁大学士。这时，他身体已很衰弱，屡乞退休，都未获准。崇祯六年（1633年）十月初七逝世。

格物穷理

徐光启是中国近代科学的先驱，他的成就是多方面的。在北京时，徐光启向利玛窦学习西方的天文学、地理学和水利工程等方面的知识，尤注意于数学。与利玛窦合作翻译《几何原本》，又合译《测量法义》，另与熊三拔合译《泰西水法》等书。《几何原本》，全书共15卷，译出前6卷正文，至于克拉维斯的注解以及其他研究者的附文，几乎全部删去。利玛窦在向罗马的报告中写道："我们只能靠数学笼络中国人的心。"足见利玛窦真正的心意了。

翻译完《测量法义》以后，徐光

利玛窦
利玛窦原名马泰奥·里奇（1552年—1610年），意大利的天主教耶稣会传教士、学者，于万历年间来到中国传教，从而成为第一位阅读中国文学并对中国典籍进行钻研的西方学者。

启自己写出《测量异同》，比较中西方的测量方法，并用《几何原本》的定理解释其异同。徐光启还写了《勾股义》，采用《几何原本》的逻辑，论述中国古代的勾股算术。徐光启认为中国当时数学不发达的原因，一方面是人们看不起数学这一技艺，另一方面是把数学研究弄成了预测未来的神秘妖术。

徐光启还研究学习天文学。他掌握了欧洲天文学知识后，每次预报天象都比其他人准确。崇祯二年（1629年），徐光启被任命主持历法改革工作。历经四年，编成了130多卷的《崇

祯历书》。该书广泛接受了近代天文学和数学的知识，如采用了丹麦天文学家第谷创立的宇宙体系，采用齿轮系统来解释天体运动，引进明确的地球概念和经纬度及其计算方法，引入了球面和平面三角函数等。

《农政全书》

除数学、天文历法外，徐光启用力最勤、收集最广的要算是农学方面的研究了。其著作有《农遗杂疏》《种棉花法》《甘薯疏》《种竹图说》《北耕录》《宜垦令》《农辑》《农政全书》等，其中主要代表作就是《农政全书》。它是徐光启几十年心血的结晶，是一部集中国古代农学之大成的著作。《农政全书》共60卷，50多万字，分12大项。

《农政全书》写作的出发点在于农政，因此着眼于保证农业生产的其他措施，如田制、水利等项。这是与以前农书的不同之处。酿造项目，只收酱、醋、豉，而删除了酒；烹调只限于农家用得上的简单的几条。王祯《农书》中有关"农器图谱"，也大量地收录。书中记录了蚕桑、棉花、苎麻的种植经验，还提倡种植新传入的甘薯用来备荒。对一切新引入、新驯化栽培的作

位于上海曹溪北路的徐光启雕像

物，无论是粮、油、纤维，都详尽地搜集了栽种、加工技术知识。《农政全书》还辑录了《救荒本草》等书中的植物，作为救荒的补充食物。

徐光启注意取得第一手资料，他亲自在上海、天津都曾建立开辟试验园地，在京东计划兴修水利和开辟水田，种植水稻做了多次试验；还有引种甘薯、种植棉花，提倡种乌桕树等，并亲自研究试验，取得经验，录入书中，加以推广。徐光启十分重视整理历代文献，《农政全书》征引文献225种之多。他对前人的著述，也不是单纯选录，在其后面往往附有自己的独到见解，这都反映了他的勤奋好学和实事求是的科学态度。人们在阅读《农政全书》的时候，不仅可以了解古代农业的百科知识，还能够领略一个古代科学家严谨求实的大家风范。

徐光启和利玛窦合译的《几何原本》内的插图
徐光启最著名的事迹之一是他与利玛窦合作汉译欧几里得《几何原本》前6卷，其中译定的一些重要术语沿用至今。

> **1616年**
>
> 太祖生，凤眼大耳，面如冠玉，身体高耸，骨格雄伟，言词明爽，声音响亮，一听不忘，一见即识，龙行虎步，举止威严。

——《清太祖实录》

后金的崛起

后金崛起源于努尔哈赤的努力，而努尔哈赤的发迹离不开李成梁。努尔哈赤曾长期跟随李成梁麾下征战，二人"谊同父子"。努尔哈赤的家人被杀，李成梁让他袭承官位。努尔哈赤借着大明的威势统一了女真。

建国时间
1616年

种族
女真族、汉族、蒙古族

首领
努尔哈赤

首都
赫图阿拉（兴京）—辽阳（东京城）—沈阳（盛京）

藩国
李氏朝鲜

疆域
中国东北

军事编制
八旗制

留帐下，卵翼如子

万历初年，东北女真各部势力日益壮大。明朝对女真采取分而治之的策略，使女真各部彼此牵制，分裂混战。

努尔哈赤（1559年—1626年），明初建州左卫都督猛哥帖木儿六世孙，祖父觉昌安，父塔克世，均为明代世袭的建州左卫指挥使，曾做辽东总兵李成梁的向导。努尔哈赤从小就开始受到汉文化的熏陶，熟悉汉民俗，喜读《三国演义》和《水浒传》。万历二年（1574年），李成梁征建州女真王杲即努尔哈赤的外祖父的部落时，努尔哈赤当时16岁，正在外祖父家中。努尔哈赤目睹外祖父山寨被毁，机智地"抱成梁马足请死"，李成梁很怜悯他，就将他"留帐下卵翼如养子"。

万历十一年（1583年），明军在扶植尼堪外兰，镇压阿台部落时，努

明·鎏金银盘
银盘出自明定陵孝靖皇后棺内。鎏金是将金溶于水银之中，形成金泥，再涂在银盘表面，加温，使水银蒸发。

努尔哈赤

努尔哈赤（1559年—1626年），后金开国皇帝，葬于沈阳清福陵。同时他又是清朝的奠基者，清朝建立后，他被尊为清太祖。

尔哈赤的祖父和父亲身陷危城，被阿台胁迫而遭杀害。努尔哈赤领回了亲人的尸首、盔甲，还从李成梁那里得到了寨内所得的敕书和马，得以袭职为建州左卫都指挥使。当时努尔哈赤势单力薄，又被其他女真部落敌视，处境艰难。幸好得到敕书和官职，使努尔哈赤获得通贡权，受到大明的庇护。努尔哈赤利用这些物资起兵，打败了尼堪外兰，后者因李成梁拒绝保护而被杀。经过五年的征战，努尔哈赤逐渐统一了建州女真，兵势日盛。

孝慈高皇后

孝慈高皇后（1575年—1603年），叶赫那拉氏，名孟古哲哲，叶赫部贝勒杨吉砮的女儿，努尔哈赤的皇后，清太宗皇太极的生母。1629年，与努尔哈赤合葬在清福陵。

夸耀东夷，则势愈强。"对于李成梁，他更是使出浑身解数骗取信任，时人称"建酋与成梁谊同父子"。经过不懈努力，努尔哈赤终于被朝廷封为"龙虎将军"，成为官衔最高的女真人。

到了万历三十四年（1606年），即将退休的李成梁突然上书明神宗，以"孤悬难守"，请求舍弃"宽甸六堡"，神宗竟然稀里糊涂地批准了这个计划。努尔哈赤不费一兵一卒，得到了800里土地，并自动消除了前进道路上的巨大障碍。为了逼迫六堡的20万居民迁往内地，李成梁出动大军，烧毁房屋，致使20万人流离失所。许多青壮年因此愤而投靠了努尔哈赤。此时的努尔哈赤已经从李成梁身边的无名小卒长成为羽翼丰满的一代枭雄。

窃名号，夸耀东夷

努尔哈赤起兵初期，对朝廷极为"忠顺"。他频繁亲自或派人朝贡，又杀了入边抢掠的女真酋长，向明边吏献首级报功，请得升职"长东夷"。明蓟辽总督张国彦、辽东巡抚顾养谦等官据此奏称，努尔哈赤原系都指挥，世代忠良，且"势最强，能制东夷"，明廷从其奏，命授为都督佥事。努尔哈赤得受明帝"殊恩"，成为合法的建州之长后，获得了扩张势力的有利条件。明人评论此事说："努儿哈赤既窃名号，

建后金，背叛大明

统一建州女真后，努尔哈赤一边骗取明朝信任，一边积极建立政治军事制度。其中影响最大的是建立八旗

制度。八旗制是由女真人狩猎时实行的"牛录"组织演变而来的。万历二十九年（1601年），努尔哈赤在牛录组织的基础上，创建旗制。设立黄、白、红、蓝四旗，每300编为一牛录。万历四十三年（1615年），因势力扩大，增设镶黄、镶白、镶红、镶蓝四旗，合为八旗。牛录之上设甲喇和固山。五牛录为一甲喇，五甲喇为一固山。每牛录、甲喇、固山皆设长官一名称为额真。八旗皆由努尔哈赤统领。这样，松散的女真部落转变为组织严密的军事集团。万历四十四年（1616年）正月，努尔哈赤在赫图阿拉（今辽宁新宾）称"覆育列国英明汗"，国号大金，建元天命，史称后金。

万历四十六年（1618年）四月，努尔哈赤以"七大恨"告天，出兵伐明，连破抚顺、东州、清河等城，全辽震动。次年，明神宗命杨镐为辽东经略，领明大军10万人马，分四路进军，直指赫图阿拉。努尔哈赤利用了明军兵力分散的弱点，采取集中优势兵力各个击破的战术，首先集中兵力击败进攻萨尔浒的杜松主力军3万人，结果杜松战死，率部全军覆没。努尔哈赤又乘胜进击，大败马林军，马林仅以身免，逃往开原。接着尽歼刘𬘩部，刘𬘩战死。五日之内，明军三路丧师，唯有李如柏军幸免，全身而退。萨尔浒战役，明朝阵亡将士4.5万余人，损失马、骡、驼2万，辎重器械无数，明军惨败。之后，明朝的力量大衰，不得不由进攻转为防御；后金力量大增，由防御转为进攻。

清福陵
陵寝位于沈阳东郊的东陵公园内，是清太祖努尔哈赤的陵墓。天聪三年（1629年）选址，直到顺治八年（1651年）才基本建成，后来在康熙和乾隆年间又有增建。

少年中国史

▶ 1615年

三十一年，获妖书，言神宗欲易太子，指斥郑贵妃。神宗怒。捕逮株连者甚众，最后得皦生光者，磔之。狱乃解。四十一年六月……将谋不利于东宫，语连郑贵妃、福王。

——《明史》

梃击案

神宗长子朱常洛乃宫女所生，三子朱常洵才是他宠爱的贵妃郑氏所生。围绕着太子之位，发生了一系列明争暗斗。朱常洛虽被立为太子，但斗争仍未停止。直到某一天，一个壮汉手持木棍闯进了太子寝宫……

时间
1615年

当时皇帝
神宗

背景
储位之争

嫌疑人
张差、庞保、刘成

影响
郑贵妃势力受到打击，太子朱常洛地位稳固

明·金丝翼善冠
1958年出土于北京明定陵，此金丝翼善冠是明神宗的常服冠戴，其形制由前屋、后山和金折角三部分组成，全系金制。由极细的金丝编织而成，后上方有两条左右对称的蟠龙，两龙中间有一圆形火珠，从制作工艺上说可谓巧夺天工。

立储是皇权体系的头等大事，因而被称作"国本"。明朝立储的原则是：有嫡立嫡，无嫡立长。明神宗朱翊钧的皇后王氏无嫡，慈宁宫宫女王氏生下神宗的长子朱常洛，贵妃郑氏生下第三子朱常洵。神宗宠爱贵妃郑氏，意欲废长立幼，然而又虑招致廷臣反对，故而迟迟不予立储。万历二十九年（1601年），朱常洛已二十岁，神宗不得不立常洛为皇太子，常洵为福王。

册立皇太子，"国本"初步确定了，但危机并没有过去。统治阶级内部矛盾斗争异常激烈，朱常洛即位前后发生了明皇宫的三个著名案件。

万历四十三年（1615年）五月，一个男子手持枣木棍，似疯非疯，似癫非癫，闯入太子居住的慈庆宫，打伤守门侍卫，直闯前殿。太子内侍韩本用闻讯赶到，捉住闯入者。事关重大，御史刘廷元当场审讯。此人说话颠三倒四，像一个疯子，什么吃斋、讨封，问了几个小时，只问得他名叫张差。御史不耐烦把他交给了刑部重新提审。

刑部审问时，张差似乎清醒了些，说自己被邻居欺负，打算到京城告状，击鼓伸冤。他遇到两个男子，给了他一根棍子说拿着它就可以伸冤了。张差迷了路，走到皇宫门，不让进，就打伤了人。刑部难下结论，认为张差是疯癫之人，于是把情况上奏了皇帝。

这时刑部提牢主王之寀看出了蹊跷，觉得张差绝不像疯癫之人。王之寀对张差说："说实话就给你饭吃，不然饿死你。"张差低头不语，过了一会儿说："不敢说。"王之寀只留两名狱卒在旁，亲自审问张差。在威逼之下，张差道出实情，牵出惊天阴谋。

原来张差居住蓟州，靠砍柴与打猎为生。一个月前，他的同乡马三道、李守才带他认识了一位不知姓名的太监，太监带他走，说可以赚钱。到京后见到另一位老太监，给他酒肉。老太监给他木棒，带他到慈庆宫，鼓动他见人就打，尤其是穿黄袍的，是个大贱人，打死有重赏。如果出了事情，也有人能救他。

而这两个太监经查，是郑贵妃手下太监庞保、刘成。司礼监和三法司在东华门前审问庞保、刘成，他们至死不肯承

明·三龙二凤冠
明朝时，凤冠是皇后受册、谒庙、朝会时戴用的礼冠。这件凤冠的主人是孝端显皇后（神宗在位时唯一一位亲自册立的皇后王氏），明定陵地宫出土。凤冠高26.5厘米，口径23厘米，共用红、蓝宝石100多块，大小珍珠5000余颗，色泽鲜艳。

认。郑贵妃则惶惶不可终日，向神宗哭诉，神宗要她去向太子表明心迹。太子也不愿深究，最后以疯癫奸徒罪将张差处以凌迟。庞保、刘成拒不认罪，获得从轻拟罪，但后来在宫内被击毙。

张差梃击案背后主使真的是郑贵妃吗？也有人怀疑是太子自导自演的"苦肉计"，目的是借此陷害郑贵妃，巩固自己的地位。但真相究竟如何，恐怕无人知晓了。梃击案遂成为明末三大案之一。

明·嵌宝石金饰
此金首饰出土于明定陵，由黄金、红宝石、珍珠等打造而成。为汉字"心"的形状，十分别致。

1620年

八月二十九日，李可灼进药，明日，光宗崩。九月初三日丁丑，御史王安舜参李可灼进红丸罪状。

——《明季北略》

红丸案

病急乱投医让朱常洛的皇位坐得异常短暂。10天前的生龙活虎，在御医的泄药下变成了一病不起。盼着康复的"仙丹"意外变成了致命的毒药，因此改变了很多人的命运。

时间

1620年

背景

朱常洛登基后，郑贵妃为缓解两人之前的不愉快，特献美女四名

嫌疑人

郑贵妃、崔文升、李可灼

结局

光宗死；朱由校即位；方从哲、李可灼、崔文升成为众矢之的

影响

追查元凶的行动持续20多年，党争与私仇夹杂其中，连坐罪死者众多，至今仍是谜案

万历四十八年（1620年）七月二十一日，神宗帝病死。太子朱常洛继位，改年号为泰昌，史称泰昌帝。光宗朱常洛拨发银100万两犒劳辽东等处边防将士，罢免矿税、榷税，撤回矿税使，增补阁臣，运转中枢，"朝野感动"。

光宗即位不过10天，便感觉身体不适，找医官诊视。御医崔文升开泄药，朱常洛服用后，下泄不止，一昼夜达三四十次。这时有大臣攻击崔文升进药是受郑贵妃指使，欲置皇上于死地，于是众太医束手无策。光宗对御医也很不满，传旨广招天下名医。

这时，鸿胪寺官李可灼至内阁，自称有仙药，称为"红丸"，要进献给皇上服用。事关重大，阁臣不敢轻易决定。调查李可灼用药效果，他同乡二人同时服用，一恢复健康，一病情更重。阁臣中有人说，这不是万全之药，不可轻用。但李可灼与中官熟识，请他们代向皇帝启奏。

光宗病重乱投医，催取药来。服药

明光宗朱常洛

朱常洛（1582年—1620年），明朝第15代皇帝，虽然在位仅短短的一个月，也做了不少实事，如废矿税、饷边防、补官缺，史称"一月天子"。

后，光宗好了很多，"暖润舒畅，思进饮膳"，两次走出宫门活动，连连称赞李可灼为忠臣。下午，李可灼又进一丸。这一丸药却要了朱常洛的命，他夜里就死去了。

"红丸案"一发，朝廷内党派纷争激烈，使得关于此案的议论甚嚣尘上。崔文升误用泄药，有人怀疑是郑贵妃主使。给事中杨涟说："崔文升用医多年，从未有用药失误，皇上一用文升，就发生了这情况，这是有心之误，还是无心之误呢？"他的话表达了这样的怀疑。御史郑宗周、南京太常寺少卿曹珍等指此事与多年前的"梃击案"是同一伙人所为。刑部主事王之寀更直指光宗之死与郑妃、光宗宠妃李氏等阴谋夺权有关。

李可灼进红丸，许多人又归罪于内阁首辅方从哲。光宗服药丧生，方从哲不但不追究李可灼的责任，反而欲盖弥彰地赏他白银50两。御史王安弹劾方从哲"轻荐狂医""又赏之以自掩"。方从哲在众人攻击下，拟太子令旨，罚了李可灼一年的俸禄。十月，礼部尚书孙慎行和左都

孝纯皇后刘氏
孝纯皇后（1359年—1614年）是光宗的妃嫔，思宗朱由检的生母。她初为光宗的淑女，明万历三十八年（1610年）十二月生皇五子朱由检。熹宗朱由校继位之后，追尊庶母刘氏为贤妃。后因儿子朱由检即位为帝，又受追谥为皇太后，与光宗合葬庆陵。

御史邹元标上疏弹劾方从哲，孙慎行指出："从哲纵无弑君之心，却有弑君之罪。"方从哲上奏辩解并请辞，于十一月初卸任离京。

方从哲离京后，还是无法脱净干系，要求严查"红丸案"的奏折不断。不久，继位的熹宗下旨问崔、李二人罪，将他们发配至边疆。但"红丸案"的诸多疑点一直没能查清楚，直到南明王朝时期它仍是挑起党争的题材，时至今日"红丸案"依然是一个千古之谜。

明·剔红牡丹纹圆盒
漆盒圆形，盖面隆起。外髹多达几十道，色泽柔润。盒面剔饰牡丹花，牡丹硕大盛放，枝叶映衬，花叶或卷曲、或舒展，风姿绰约，花纹叶脉雕刻精细，花朵中的花蕾以三角锦地表现，整体构图饱满、灵动。

1620年

阉人持梃不容入,涟大骂:"奴才!皇帝召我等。今已晏驾,若曹不听入,欲何为!"阉人却,乃入临。群臣呼万岁,请于初六日登极,而奉驾至文华殿,受群臣嵩呼。

——《明史》

移宫案

朱常洛的意外死亡,让16岁的朱由校仓促即位,欲为皇太后的郑贵妃指使朱由校养母李选侍长住乾清宫,试图借着小皇帝把持朝政。登基之日临近,飞扬跋扈的李选侍竟然把朱由校藏了起来,拒绝交出……

时间
1620年

地点
乾清宫

性质
表面上是"国本之争",实际上为东林党争

背景
朱由校生母王才人去世,被交给李选侍养大,从小一直受李选侍的"侮慢凌虐",惧怕李选侍

相关人物
李选侍、朱由校、杨涟等人

明熹宗朱由校
朱由校(1605年—1627年),16岁即位,在位仅7年。在位期间,客氏与魏忠贤专权,迫害东林党人,国内各种社会矛盾激化。

光宗朱常洛死,长子熹宗朱由校即位,年号天启。当初光宗即位时,郑贵妃选美女八名进献。其中,选侍李氏最有宠,被册封为皇贵妃,住在乾清宫内,且负责抚养朱由校和朱由检。光宗驾崩,李选侍控制了乾清宫,与太监李进忠(魏忠贤)密谋挟持朱由校,欲争当皇太后以把持朝政。

光宗驾崩当日,辅政大臣杨涟等人即直奔乾清宫,请见皇长子朱由校,商谈即位之事,但受到李选侍的阻拦。李选侍藏起朱由校,不让他与大臣见面。有阁臣大呼:"谁敢匿新天子者?"气势逼人。李选侍无奈,只好放出朱由校。杨涟等见到朱由校即叩首山呼万岁,拥护着朱由校离开乾清宫。为了朱由校的安全,诸大臣暂将他安排在太子宫居住,由太监王安负责保护。

李选侍挟持朱由校的愿望落空,又提出凡大

明·天启通宝
天启元年（1621年）八月补铸完先皇年号钱"泰昌通宝"后，明朝随即开铸天启通宝。天启通宝种类很多，分小平钱、当十大钱等。现藏于中国国家博物馆。

臣章奏，先交由她过目，然后再交朱由校，朝臣们强烈反对。朝臣们要求李选侍移出乾清宫，迁居哕鸾宫，遭李选侍拒绝。李选侍又要求先封自己为皇太后，然后令朱由校即位，亦遭到大臣们的拒绝，矛盾日渐激化。

朱由校御乾清宫登基大典日期迫近，李选侍尚未有移宫之意。首辅方从哲态度暧昧，以为李选侍搬迁不必太急。但主张李选侍立即搬迁的周嘉谟、杨涟、左光斗等人积极活动，形成很大的舆论压力。诸大臣站在乾清宫门外，迫促李选侍移出。朱由校的东宫伴读太监王安在乾清宫内奋力驱逐，李选侍万般无奈，怀抱所生八公主，仓促离开乾清宫，移居哕鸾宫。九月六日，朱由校御奉天门，即皇帝位，改次年（1621年）为天启元年，史称天启帝。至此，李选侍争当皇太后、把持朝政的企图终成空。

李选侍虽已"移宫"，但斗争并未结束。"移宫"数日，哕鸾宫失火，经奋力抢救，才将李选侍母女救出。李选侍的支持者散布谣言说，李选侍母女被熹宗逼死。熹宗在杨涟等人的支持下批驳了这些谣传。后来又晋封李选侍为康妃，加以安置。至此，"移宫"风波才算暂告结束。此案称"移宫案"，议论颇多，后来成为派系斗争的代名词，与"挺击""红丸"合称"三案"。

德陵雪景
德陵是熹宗和皇后张氏的合葬陵墓，位于北京明十三陵天寿山潭峪岭西麓，是明代营建的最后一座帝陵。它始建于天启七年（1627年）九月，崇祯元年（1628年）三月玄宫建成，崇祯五年（1632年）二月地面建筑完工，用时五年。

1624年

和兰，又名红毛番，地近佛郎机。永乐、宣德时，郑和七下西洋，历诸番数十国，无所谓和兰者。其人深目长鼻，发眉须皆赤，足长尺二寸，顾伟倍常。

——《明史》

荷兰侵占台湾

从《马可·波罗游记》中得知中国之富后，荷兰人就梦想打开中国大门。在多次企图侵占澳门、澎湖等地未果后，荷兰人把触角伸向台湾，开始了38年的殖民统治。

时间
1624年

荷方指挥官
伊尔斯苏思、宋克

背景
为发展殖民贸易，屡次妄图侵占澳门、澎湖等地未果

侵占方式
行贿收买、武力强占

统治策略
通过任命汉族和高山族"长老"进行统治；
将台湾土地占为己有，强收高额地租和赋税；
灌输宗教思想，推行奴化教育

荷兰，明代史籍称之为红毛夷或红毛番，是继葡萄牙、西班牙之后来到中国的西方殖民者。万历二十九年（1601年），荷兰武装船队到达澳门，登岛设立贸易据点，被已经租借岛屿的葡萄牙人拒绝。广东税使剧中调停，准许荷人首领登岛游览，荷人在澳门逗留了一个月，无机可乘，失望而去。这是荷兰人第一次与中国直接发生关系。万历三十一年（1603年），荷兰军舰再次抵达澳门，劫夺葡萄牙一艘商船，此后荷兰军队多次来到澳门，终因葡人防守坚固，无功而还。

荷兰人看占据澳门无望，就阴谋侵犯中国其他岛屿。荷兰人看中了福建沿海的澎湖，企图以此

红毛城
红毛城位于台湾淡水，过去又称圣多明哥城、安东尼堡，它最早是在1628年由当时占领台湾北部的西班牙人建造，1644年又由荷兰人重建，1867年以后曾经被英国政府长期租用。红毛城是台湾现存最古老的建筑之一，见证了台湾历史的变迁。

大员港市鸟瞰图

"大员"是指今台南安平地区附近，1624年属于荷兰东印度公司的荷兰殖民者为建立与中国、日本贸易的据点侵入南台湾。他们盘踞台湾38年，掠地收税，将其收购的中国生丝、糖和瓷器经台湾转口运往各国，牟取高额利润。此图现藏于荷兰米德尔堡哲乌斯博物馆。

独占与中国的贸易之利。万历三十二年（1604年）八月，荷兰水师提督韦麻郎率军舰侵占澎湖，他们在岛上伐木建屋，打算长期居留。福建地方官派人往谕，令其撤离，韦麻郎向福建税使行贿，不愿离去。福建沿海的一些私商也纷纷前往澎湖，与荷兰人进行贸易。明朝一些官员力请剿除，于是总兵施德政派兵严守要塞，断绝海上接济之路，令材官沈有容率兵往谕，迫使韦麻郎撤离。沈有容在岛上立"沈有容谕退红毛番韦麻郎"碑。荷兰人这次占领澎湖，前后约五个月。

天启二年（1622年），荷兰派遣雷伊尔斯苏恩率舰船再次强占澎湖，在岛上修筑炮台和军营，并和海寇勾结，互相接济，不断骚扰福建沿海地区。天启四年（1624年）二月，福建巡抚南居益在人民支持下，三次渡海进攻荷兰人，打败荷兰侵略军，收复澎湖，活捉侵略军头目高文律等12人。华商李旦从中斡旋，福建地方官员同意荷兰人居住台湾，进行贸易，于是荷兰人仓皇乘船遁去。

荷兰人从澎湖撤走后，占领了台湾南部，他们修筑城堡，加强防务。先在无人居住的一鲲身的沙洲上修筑了热兰遮城（台湾城），又用欺骗手段，向高山族人骗取一鲲身对岸的大片土地，在那里修筑了普罗文斯要塞（赤嵌城）。以此两城为据点稳住阵脚之后，荷兰人逐渐侵占台湾南部地区。与此同时，他们还建学校，设医院，招民屯垦，并以此为基地，与中国、日本进行贸易，其中包括贩卖鸦片和奴隶。天启六年（1626年），西班牙人为了与荷兰人相抗衡，侵占了台湾北部的鸡笼（基隆）和淡水。崇祯十五年（1642年）荷兰人驱逐了北部的西班牙人，独占了台湾。

1626年

我大清举兵，所向无不摧破，诸将罔敢议战守。议战守，自崇焕始。

——《明史》

宁远大捷

宁远一战，是努尔哈赤自25岁征战以来的唯一败绩。袁崇焕初历战阵，取得明金交锋以来第一次重大胜利，打破了后金兵不可战胜的神话。努尔哈赤重伤而归，不久病死。

时间
1626年2月10日—2月22日

地点
宁远（今辽宁省兴城市）

参战方
明朝、后金

双方主要指挥官
袁崇焕、满桂（明朝）；努尔哈赤（后金）

参战方兵力
明军不足1万，后金军6万

结果
明朝取得了从抚顺失陷以来的第一个胜仗；努尔哈赤受重伤，不久死去

熊廷弼
熊廷弼（1569年—1625年），字飞白，号芝冈，谥襄愍，"明末三雄""江夏四贤"之一，作为兵部尚书，他是当时抵抗后金的统帅。

萨尔浒之战后，努尔哈赤挥军西进，连破数城。明廷派御史熊廷弼为经略，赴辽东督师，责令他进攻后金，恢复失地。熊廷弼大力整顿军务，浚壕缮城，练兵制械，并招抚流民，屯田积粮，以守为战，收到很好的效果。但不久，熊廷弼因朝中党争激烈被罢。沈阳、辽阳随之失陷，后金兵乘机侵占了辽东大小七十余城，迁都辽阳。明廷闻讯，举朝震惊，起用熊廷弼为辽东经略，但实权掌握在不习兵战的王化贞手上，二人意见相左，致使辽东部署陷入被动，最终广宁失守。王化贞与熊廷弼俱被逮下狱，后处死。

接着，后金连陷40余城，占领河西大片土地。消息传到京师，举朝汹汹，朝中官僚纷纷主张退保山海关。兵部职方主事袁崇焕主张固守宁远，得到兵部尚书孙承宗的支持。孙承宗是朱由校的老师，军事战略家，和袁崇焕也有师生关系。明朝起用孙承宗经略辽东，和袁崇焕一起构建了以宁远、锦州为重点的关外防线，边防大备。然而，天启五年

孙承宗

孙承宗（1563年—1638年），字稚绳，号恺阳，北直隶保定高阳（今属河北）人，明朝抗金名将。

（1625年）十月，孙承宗因阉党攻击辞职还乡，明朝以文人高第为辽东经略，尽反孙承宗所为，将兵士撤入关内。袁崇焕力争不听，孤自坚守宁远孤城。

天启六年（1626年）正月，努尔哈赤率八旗兵6万前来围攻宁远。袁崇焕刺血为书，与诸将满桂、祖大寿等人盟誓，以死守城，众将士同仇敌忾，士气高涨。袁崇焕还严查奸细，派人巡守街巷路口，逐户搜查。袁崇焕令城外守军全部撤进宁远城，坚壁清野，在城墙外侧泼水为冰，以阻后金军登城。又亲自杀牛宰马慰劳将士，并令人将十一门"红夷大炮"架上城头，严阵以待。

二十四日，后金军兵开始攻城。八旗兵丁四处散开，满山蔽野如蚁涌来。袁崇焕一声令下，城楼上火炮齐鸣，弓箭齐发，后金军死伤惨重，只好退军。次日，后金军重振士气，再次来攻，袁崇焕身先士卒，担土搬石，堵塞缺口，令城上大炮加强火力猛攻敌阵。努尔哈赤在营前指挥作战，忽然被飞来的炮石击中，受伤坠马，血流不止。后金军见主帅受伤，收兵退去，洗劫了觉华岛。不久，努尔哈赤病情加重，死于军中。

澄海楼

山海关澄海楼上悬挂着两块匾额，一块是明代大学士孙承宗所书的"雄襟万里"，另一块是清乾隆皇帝所书的"澄海楼"。

明朝晚期

东林所至，倾动一时，能使南北交攻，角胜党附。

——《国榷》

东林党争

东林党是明末党争的主角，对于他们的评价反差极大。有人说他们不但道德高尚，其主张和措施也符合历史潮流。有人说他们"长于内争，短于治国、治军"，对明朝的灭亡负有一定责任。

时间

明朝晚期

主要成员

顾宪成、左光斗、高攀龙、叶向高

主张

开放言路，反对宦官干政，反对矿税

对立党派

东林党、秦党、齐党、楚党、阉党

主要事件

争国本、议"三案"、争京察

政治表现

不畏强权，好高骛远，号称"清流"，以反对派自居

顾宪成

顾宪成（1550年—1612年），字叔时，号泾阳，江苏无锡人，因创办东林书院而被人尊称为"东林先生"。明代思想家，东林党领袖。

万历二十二年（1594年），吏部文选司郎中顾宪成触怒了神宗，被削去官籍，革职回家。顾宪成回到家乡以后，同弟弟顾允成倡议维修东林书院，偕同高攀龙等在书院讲学，同时宣扬他的政治主张。万历三十二年（1604年）十月，顾宪成会同顾允成、高攀龙等人，发起东林大会，制定了《东林会约》。他们讲学之余，往往讽议朝政，逐渐聚合成一个以江南士人为主的政治集团东林党。

东林书院门前贴着一副对联："风声雨声读书声声声入耳，家事国事天下事事事关心。"身在书院，心怀天下，以抨击时政以求政治清明，是东林党的宗旨。东林党基本上站在批评执政大臣的立场，以"清流"自命。顾宪成去官前，与首辅王锡爵对话。王锡爵说："当今所最怪者，庙堂之是非，天下必欲反之。"顾宪成针锋相对地回答说："吾见天下之是非，庙堂必欲反之耳！"这句话可以代表东林党人针对朝政的反对派立场。

在重大政治问题上，东林党人都明确立场。比如，批评朝廷腐败，维护正派大臣；在国本

168

之争中批评神宗和郑贵妃，支持太子；在"三案"中敢于力争真相。在东林党人的压力之下，其他朋党也相继出现。浙江人沈一贯纠集在京的浙江籍官僚，与东林党分庭抗礼，被称作浙党，另有楚党、齐党皆依附之，合称齐楚浙党，其他以地缘关系结成的党派还有宣党和昆党。

这些朋党相互攻击，绵延数十年，几无宁日。万历三十三年（1605年）京察，沈一贯领导的浙党大获全胜。次年，京察之争复发，沈一贯离职，党争仍不息止。万历四十五年（1617年），浙党官员掌管京察，大肆打击陷害东林党人。万历四十八年（1620年），移宫案爆发，东林党人杨涟等因"护驾有功"，被起用。天启三年（1623年），东林党官员赵南星等利用京察之机，驱逐齐楚浙党人士，把东林党人及正派官员升至重要职位。齐楚浙党一时走投无路，便去投靠掌握大权的宦官魏忠贤，后来被人们称为阉党。此后，官僚集团内部的党争转变为东林党人与阉党之争。

明末激烈的党争大大削弱了明朝的力量，这一点看法比较一致。清初学者张烈就曾说："夫明之亡，亡于门户；门户始于朋党，朋党始于讲学。"但对于东林党本身的评价，颇有争议乃至意见对立。有人说东林党是"现代自由主义者的先辈"，顺应了当时商品经济发展大势；有人认为他们反对增加商税，反而加重了农民负担，导致流民四起；有人则认为东林党人道德虽佳，但其政治主张与张居正注重实效、富国强兵的政策相比，是一种倒退。

东林书院

东林书院创建于北宋政和元年（1111年），是当时北宋理学家程颢、程颐的弟子，知名学者杨时长期讲学的地方，后来被废弃。到了明万历三十二（1604年），顾宪成等人重修书院并在此聚众讲学。此后，东林书院成为江南地区人文荟萃之地和议论国事的主要舆论中心。

1568年—1627年

帝性机巧，好亲斧锯髹漆之事，积岁不倦。每引绳削墨时，忠贤辈辄奏事。帝厌之，谬曰："朕已悉矣，汝辈好为之。"忠贤以是恣威福惟己意。

——《明史》

魏忠贤专权

明末党争不断，皇帝倚重宦官似乎也是不得已的选择。单论残忍恐怖，魏忠贤专权之严酷超越历代。魏忠贤目不识丁，顽劣无所长，却能广结党羽，残害忠良，横行无忌，反映出明末官僚系统的腐朽和失败。

主君
明熹宗

官职
司礼监秉笔太监

别称
九千岁

封爵
上公

魏忠贤
魏忠贤（1568年—1627年），别称魏阉，原名魏四，入宫后改名李进忠。北直隶肃宁（今河北沧州肃宁县）人，由才人王氏复姓，出任司礼监秉笔太监后，改名忠贤，表字完吾。中国明朝末期宦官。本是市井无赖，中年净身入宫，最终专断国政，危害天下。明思宗即位后，被流放，畏罪自杀。

独揽大权

魏忠贤（1568年—1627年），字完吾，本是北直隶肃宁县的一名市井无赖，虽目不识丁，但颇有心计。少年时因赌场失意，一怒之下净身入宫，改姓名为李进忠。得势后，他才恢复魏姓，皇帝赐名忠贤。初入宫时，他结识了太监魏朝，转为侍奉皇长孙朱由校的生母王才人。魏忠贤小心侍奉，得到大太监的称赞。

明朝习俗，宦官在宫中都有相好的宫女，结为"对食"。朱由校乳母客氏原与魏朝相好，不久就移爱魏忠贤，感情日笃。朱由校即位后，封客氏为奉圣夫人，赐田20顷。魏忠贤通过保持和客氏的关系，在皇帝面前逐渐得宠。魏忠贤首先假传圣旨，贬斥魏朝至凤阳，于途中将其杀死。接着又故技重演，指使外朝弹劾大太监王安，贬出宫外，借机除掉。

天启元年（1621年）的冬天，不识字的魏忠贤通过客氏的关系，被破格提升为司礼秉笔太监。当时的司礼监掌印太监是王体乾，地位虽在魏忠贤之上，但他只能听任魏忠贤摆布。另一秉笔太监李永贞，则是魏氏死党。王、李二人皆通文义，通过他们，魏忠贤开始处置大臣的奏章。魏忠贤的权势膨胀，致有"九千岁"的称号。

客氏淫毒凶狠，魏忠贤性猜疑残忍，两人狼狈为奸，骗取皇上信任。魏忠贤劝朱由校选择武阉人，制造火器在宫内操练。魏忠贤趁机培养自己的私人武装，人数扩大至万人。内操之日，鼓声震天。据说，皇子诞生时就因此惊惧而亡。一次试用枪铳，不慎开炸，几乎伤及前来观看的朱由校。御史刘之凤弹劾魏忠贤说："假令刘瑾拥甲士三千，怎会束手就擒？"皇帝不以为意，臣僚们惶恐不安。

熹宗皇后张氏，多次向熹宗谈起客氏、魏忠贤的过失，客、魏二人知道了，散布流言陷害张皇后，派亲信致使其流产。另外一些得罪客、魏的妃嫔，连性命也难保。光宗选侍赵氏为二人所恶，被迫自尽；熹宗裕妃张氏为客氏所妒，以有孕之身被禁闭饿死；冯贵人劝熹宗罢内操，被赐死；李成妃解救，被革封禁闭，幸亏她接受张裕妃的教训，事先储备下食物，得以活命。

残害东林

随着魏忠贤权势日盛，很多官僚由于各种原因，向他靠拢，借助他保持官俸，打击反对派，被人称为阉党。魏忠贤的党徒有五虎、五彪、十狗、十孩儿、四十孙等。五虎为文职，包括工部尚书兼左都御史崔呈秀等人。五彪为武职，包括都督、厂卫头领。居十狗之首的是周应秋，此人善烹猪蹄，赖以升至

刘宪宠

刘宪宠是万历年间进士，出任仪制司郎中，光宗时迁太仆卿，后被魏忠贤指为东林党人，遭到削夺官职，崇祯帝时复官。

明·金漆嵌螺钿狮子纹须弥座

金漆镶嵌是一种汉族漆器艺术珍品，向来为皇家所用。须弥座，又名"金刚座""须弥坛"，本源自印度，是安置佛、菩萨像的台座。

左都御史,被人称作"煨蹄总宪"。

依附魏忠贤的官僚趁势助虐,打击异己。魏忠贤的同党别出心裁,作《东林点将录》,以《水浒传》中的聚义领袖的名号排东林党人,列开山元帅为托塔天王南京户部尚书李三才、天魁星及时雨大学士叶向高、天罡星玉麒麟吏部尚书赵南星、天杀星黑旋风吏科都给事中魏大中、地贼星鼓上蚤内阁中书汪文言、天勇星大刀手左副都御史杨涟、地魁星神机军师礼部员外郎顾大章、天雄星豹子头左佥都御史左光斗等。

在阉党的打击迫害下,天启四年(1624年)七月,叶向高去官,之后赵南星、高攀龙致仕,杨涟、左光斗削籍。魏忠贤打击东林人士,选择了内阁中书汪文言为突破口。锦衣卫把汪文言下狱,严刑拷讯两个多月,逼他供出杨涟等人罪状。汪文言宁死不从,最后受刑气绝。锦衣卫官许显纯自造狱词,把杨涟等下狱。同时下狱的还有经略辽东军务的兵部尚书熊廷弼。魏忠贤借机诬陷杨涟等人交通边帅罪,置这些人于死地。天启五年(1625年)八月,熊廷弼弃市,传首九边。杨涟、魏大中、左光斗、顾大章等人也相继被处死。杨涟最为魏忠贤痛恨,被施以土囊压身,钢针刷体,铜锤击胸,铁钉贯顶等各种酷刑。

荼毒天下

魏忠贤还控制了东厂、锦衣卫,指使亲信屡兴大狱,打击异己。他们派出大批密探,四处活动。镇抚司狱中刑具齐备,一旦被捉入狱,则势难生还。中书吴怀贤读杨

明·潞王中和琴

琴长118.4厘米,琴腹刻署名诗一首:"月印长江水,风微滴露清,会到无声处,方知太古情。敬一主人。"琴尾有篆书"潞王世传"印一方。"敬一主人"是明潞王朱常淓的别号。琴背刻楷书"中和"二字,意为中庸和谐,这是中国古典审美的理想境界。

涟疏，击节称叹，结果身死家抄。工部郎中叶宪祖见内城建内祠，出言不敬，被罢官削籍。社会上层人物的隐私，就连"枕中猥事"也很难躲过厂卫的耳目。

厂卫的触角也深入到民间，下面一件事很有代表性：有四人夜饮密室，一人酒酣，谩骂魏忠贤，其三人噤不敢出声。骂声未落，四人就被番役捉至魏忠贤住所，骂人者被杀，没说话的三人被赏黄金。三人吓得魂飞魄散，颤若筛糠，显然不是预先布置的圈套。

厂卫针对富民的监视，可谓无孔不入。徽州富户吴养春靠黄山收息，被家仆告发私占黄山。吴养春被逮至京，照数追赔所得租税计60余万金，他本人被拷打而死，妻女自缢，家产尽收。郡中许多富户也因受牵连而破产。

厂卫横行，造成很多冤狱。扬州知府刘铎，试图找关系救援被押狱中的国戚李承恩，为东厂太监缉获。东厂进一步诬陷刘铎勾结道人方景阳，诅咒魏忠贤，下狱致死。事实上，二人根本不相识。处死平头百姓，就更简单了。魏忠贤侄子魏良卿旧宅有两大狮子，"目下视"，魏忠贤见了，把石工打死。在厂卫党羽营造的恐怖气氛下，魏忠贤达到了他权力的最高峰。

五人之墓

五人之墓，指的是明代苏州市民反对魏忠贤斗争中殉难的颜佩韦、杨念如、沈扬、马杰、周文元这五位义士的坟墓。明天启六年（1626年），魏忠贤阉党党羽在苏州为非作歹，并构陷东林党人士周顺昌等东林七贤，周顺昌平日有德于苏州人民，遂激发民众愤怒，痛打锦衣卫，事发后，五名普通市民为保护多数人而投案被判死刑。

《坤舆万国全图》

明神宗万历十二年（1584年）意大利耶稣会传教士利玛窦到达广州，自制《万国图志》。万历二十九年（1601年），利玛窦把它献给明神宗，第二年太仆寺少卿李之藻出资刊行，名为《坤舆万国全图》。万历三十六年（1608年），明神宗下诏摹绘12份，传于现世，原本可能随葬明定陵。

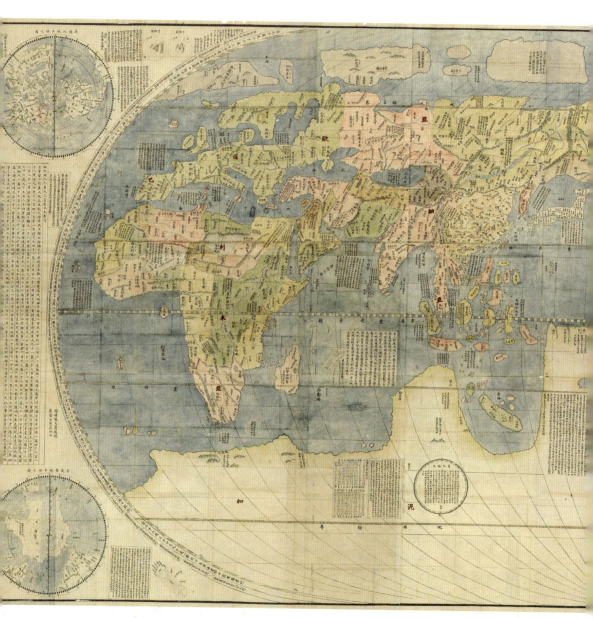

《坤舆万国全图》是中国国内现存最早的、第一幅出现美洲的世界地图,呈椭圆形,周边附有一些小幅的天文图和地理图:右上角为九重天图,右下角为天地仪图,左上角为赤道北地半球之图和日、月食图,左下角为赤道南地半球之图和中气图,另有量天尺图附于主图内左下方。各大洋绘有各种帆船共9艘,鲸、鲨、海狮等海生动物共15头,南极大陆上绘有陆上动物共8头,有犀牛、象、狮子、鸵鸟等。

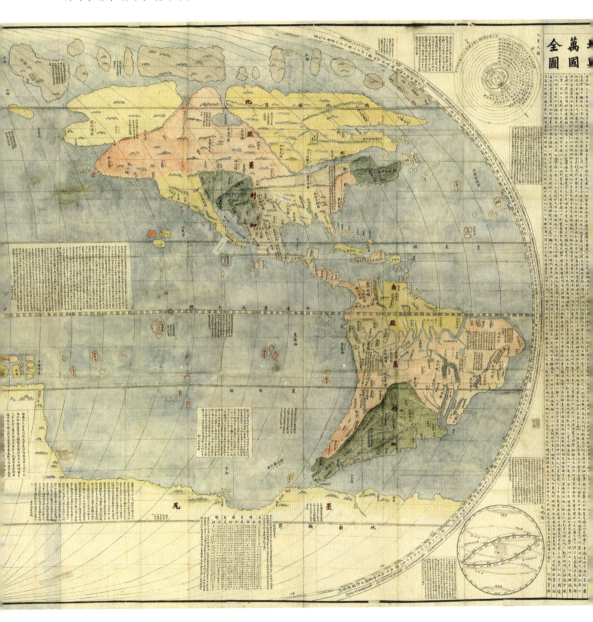

1627年

忠贤行至阜城,闻之,与李朝钦偕缢死。诏磔其尸。悬首河间。笞杀客氏于浣衣局。魏良卿、侯国兴、客光先等并弃市,籍其家。客氏之籍也,于其家得官女八人,盖将效吕不韦所为,人尤疾之。

——《明史》

铲除阉党

> 魏忠贤权势之大,达到了"九千九百岁"的地步,但权势再大,也始终只是奴。崇祯皇帝上任几个月,稍做布置,就除掉了他。

时间
1627年

主事者
崇祯皇帝

主要涉案人员
魏忠贤、客氏、崔呈秀、魏良卿

处罚结果
魏忠贤、客氏凌迟,崔呈秀、魏良卿等6人斩立决,陆万龄、田尔耕等19人秋后处斩,魏广微、周应秋等11人充军戍边

意义
铲除了明朝最大的阉党集团

魏忠贤一人得势,他的亲信党羽也随之鸡犬升天,"大儿"田尔耕加少师兼太子太师,锦衣卫都指挥佥事许显纯加太子太保。魏忠贤的族人中,荫封锦衣卫指挥使的有17人。他的侄子魏良卿地位最高,封宁国公,加太师。另两个侄子魏良栋、孙魏鹏还不会走路,就晋封侯伯,分别加太子太保、少师。

魏忠贤除了司礼太监和提督东厂以外,还进上公,加恩三等,皇帝还赐给他"顾命元臣"的印鉴。他被人称作"九千九百岁",全国各地有他的生祠,塑像享受五拜三稽首之礼。甚至尊贵如楚王、袁崇焕这些不是阉党的人也不得不随着潮流为他建生祠,可见他权势之大。

魏忠贤去涿州进香,拥簇如云,旌旗招展,人人都以为皇帝驾到。凡朝中草疏,必有人百里驰报,一日往返,传达魏忠贤之意,票拟始

明·白玉绞丝镯
玉镯早在新石器时期就已出现,在此后各个时期又各有不同,春秋时期为扁圆形,唐代镶金玉,发展至宋代呈圆环形,内平外圆,光素无纹,而明清玉镯多见装饰。

《桂枝儿》节选

闹攘攘，人催起，五更天气。正寒冬，风凛洌，霜拂征衣。更何人，效般勤，寒温彼此。随行的是寒月影，呟喝的是马声嘶。似这般荒凉也，真个不如死！

敢批发。魏忠贤，不管是否有心篡位，他的权势客观上已经足够引起皇帝的警惕，这也就足以决定他的命运了。

天启七年（1627年）八月，熹宗病死，信王朱由检即位，就是崇祯皇帝。崇祯皇帝素知魏忠贤为人，很戒备他。魏忠贤也知道要想继续作威作福，就必须控制崇祯皇帝。他曾进献国色四人，各人身上携带有香丸一粒，名"迷魂香"，要把崇祯皇帝变成痴傻皇帝，但没有得逞。魏忠贤见崇祯皇帝不受控制，也开始恐慌了。这时，给事中杨所修趁机先攻击魏忠贤的死党崔呈秀试探皇帝心意，崇祯皇帝依然隐忍不发。

九月，崇祯皇帝把客氏赶出皇宫。十月，嘉兴贡生钱嘉征弹劾魏忠贤十大罪。十一月，魏忠贤被免去司礼监和东厂的职务，谪发凤阳守祖陵。崇祯皇帝见没有引起大的骚乱，就命锦衣卫擒拿魏忠贤治罪。魏忠贤行至途中，接到太监李永贞密报，自知难逃一死。当夜，他听到外边有人唱道："随行的是寒月影，呟喝的是马声嘶。似这般荒凉也，真个不如死。"如今势去时衰，魏忠贤也感到真个不如死，就吊死了自己。在抄客氏宅时，得八名怀孕宫女，大概想仿效吕不韦所为，客氏在浣衣局被处死。

明代红衣命妇像
命妇泛称有封号的妇女，一般多为官员的母亲、妻子，享有各种仪节上的待遇。

1630年

帝骤闻，意殊骇，念既死，且方倚崇焕，乃优旨褒答。……文龙既死，甫逾三月，我大清兵数十万分道入龙井关、大安口。

——《明史》

千古奇冤袁崇焕

袁崇焕击败了努尔哈赤，又击败了皇太极，是后金的心腹大患。崇祯帝生性多疑，中反间计，袁崇焕蒙冤而死。但也有人认为，袁崇焕行事可疑，且妄杀大将毛文龙，他的结局一定程度上是自取其祸。

凌迟时间
1630年

官职
大明钦命出镇行边督师蓟辽天津登莱等处军务、兵部尚书兼都察院右副都御史

罪名
通敌叛国罪

中计人
明崇祯

袁崇焕
袁崇焕（1584年—1630年），万历年间进士，官至兵部尚书、蓟辽督师。他曾多次击败后金军的进攻，阻滞了后金军南下的脚步。京都之围解除后，魏忠贤余党网织罪名弹劾袁崇焕，皇太极又趁机实施反间计，终被朱由检以通敌叛国罪处以凌迟。

巡抚辽东

宁远之战后，袁崇焕被升为辽东巡抚，魏忠贤派其党羽前来监军，袁崇焕上疏请求将其调离，但遭到拒绝，明廷又加封袁崇焕。不久，袁崇焕又与大将满桂闹不和，上疏请求将满桂调离，明廷于是召满桂回朝。辽东经略王之臣奏书请求留住满桂，袁崇焕又因此与王之臣闹不和。不久，袁崇焕请求采用王之臣的意见，让满桂挂印移镇山海关。

天启六年（1626年）八月，努尔哈赤病死，袁崇焕派遣使者前往吊唁，并写书一封与皇太极议和。天启七年（1627年）正月，皇太极同意议和，举兵征讨朝鲜。皇太极挟持朝鲜进攻毛文龙，被毛文龙击败。五月，皇太极从朝鲜回来，率军围攻锦州。袁崇焕识破皇太极围锦州的目的是欲诱自

己出战,以便借袭宁远。他坚守宁远,而派精骑四千绕到清军后面猛攻,致使清军两面受敌。同时又奏请朝廷调关内各路守军趋山海关支援。皇太极攻锦州不成,便集中兵力进攻宁远。此时宁远守军已准备就绪,"红夷大炮"排列城头,引弹待发。皇太极下令强攻宁远城,城上明军大炮齐发,矢石如雨。清军久攻不下,损伤惨重,加上皮岛毛文龙袭击辽阳,最后只好退兵。

"宁锦大捷"全靠袁崇焕运筹帷幄,指挥有方。但在明廷论功行赏时,权阉魏忠贤却贪他人之功为己有,不仅自己封赏最厚,连他的爪牙也个个有奖,唯独对袁崇焕不仅无封赏,反而诬他"不救锦州为暮气"。袁崇焕一怒之下,上疏乞休归乡。

皇太极
皇太极(1592年—1643年),即清太宗,是努尔哈赤第八子,清朝的开国皇帝,去世后葬于沈阳清昭陵。

再担重任

天启七年(1627年),崇祯帝登基,起用袁崇焕,任为兵部尚书兼右副都御史,督师蓟、辽,兼督登、莱、天津军务。七月,袁崇焕应召入京,崇祯帝在平台召见他,商量平辽方略。袁崇焕见今上如此信任自己,锐意平辽,一时热血沸腾,便不假思索许诺"五年平辽"。崇祯帝喜出望外,也慷慨地许以重赏。为了表示信任,崇祯帝赐袁崇焕尚方宝剑,准其先斩后奏。袁崇焕离京赴任时,崇祯帝亲自为其送行,把收复边疆的宏愿完全寄托在袁崇焕身上。

袁崇焕离职后一年,东北边防已今非昔比。明军继任的督抚贪赃冒赎,克扣军饷,多次激起士兵哗变,军心涣散。锦州、大凌等要塞也相继失守,边防一触即溃。而皇太极逐渐开始专制化过程,国力大增,八旗兵在与明军作战中得到锻炼,战力大增。在东北边境,清军实力上已占优势。袁崇焕声称"五年复辽",显然是不切实际的。

下狱处死

为了从根本上稳定军心,袁崇焕连连上奏,要求朝廷发饷安定军心。崇祯帝见袁崇焕未及一战,却频请军饷,心中颇为不悦。不久,又传来了袁崇焕擅杀皮岛守将毛文龙的消息。毛文龙原系辽东明军将领,辽东失陷后退守海岛,多次袭击清军后方,使得清军不能南下,被誉为"海外长城"。但毛文龙恃功跋扈,不听袁崇焕的指挥。袁崇焕诱捕毛文龙,先斩后奏。崇祯帝接到奏疏,心中十分恼怒,但还是强忍怒气,"暴文龙罪,以安崇焕心"。

崇祯二年(1629年)十月,皇太极率大军避开袁崇焕的防地,绕道蒙古入关,直逼京师。总兵官赵率教率军勤王,在遵化(今属河北)被清军四旗及蒙古兵包围,中流矢坠马,力战殉国。袁崇焕得知清军入关,心急如焚,立即亲率精锐部队,急赴京师救援。与围攻广渠门的清军交锋,一场恶战,清军败退。崇祯帝在城内得援军到达,十分惊喜,连忙发饷犒师,并命各路勤王军统归袁崇焕调度。袁崇焕入见崇祯帝,诉说清军强盛,请求入城休整再战,被崇祯帝拒绝,只好移师城外驻防。

这时,京城传言四起,说袁崇焕欲与清军议和,部分朝臣也趁势奏劾。崇祯帝传令袁崇焕入见,逮捕他下狱。崇祯三年(1630年)八月十六日,以"卖粮于敌,杀毛文龙求和,纵敌不战"等罪名将袁崇焕处以磔刑。

《明史》记载,崇祯帝是中了皇太极的反间计,但也有研究认为,袁崇焕系因议和被杀,反间计之说是清廷杜撰。袁崇焕下狱,辽东将士军心涣散,逃往关外。在此危难之际,明廷起用原兵部尚书孙承宗,稳定了军心,运筹帷幄,协调军队,经数月艰苦作战,将后金军驱逐出关。在此期间,大将满桂战死。孙承宗不久又在朝廷党争中被排挤下台。辽东形势越发严峻,明朝灭亡的迹象也越来越明显了。

明·一品文官冠服容像
画像中人所穿的官服补子上图案为仙鹤,可知为一品文官。一品之外,二品是锦鸡,三品是孔雀,四品是云雁,再往下就是鹭鸶、黄鹂、蓝雀等。

明·珐华彩莲池会观音像

观音披巾著袍，璎珞装饰，下身穿裙。头戴饰有阿弥陀坐像的菩萨冠，赤足，坐在莲台上，莲台下荷叶亭立。观音旁边是一个跪在荷叶上，虔心祷告的弟子。两侧伸出的平坦岩石上放着布托的一本佛经和一个插了柳枝的净瓶。观音头顶是悬空的岩石，从右往左有三个圆盘，上写"莲池会"三字。是山西珐华器中的精品。现藏于英国大英博物馆。

1633年—1644年

自成用君恩计，赂奇瑜左右，诈降。奇瑜意轻贼，许之，撤诸将按兵毋杀，所过州县为具糗传送。贼甫渡栈，即大噪，尽屠所过七州县。而略阳贼数万亦来会，贼势愈张。

——《明史》

闯王来了不纳粮

李自成利用了西北和中原地区的灾荒，提出"均田免粮"口号，如滚雪球般吸引了大批流民，消灭了明朝大部分军力。李自成夺取北京之后，骄傲自满，放松了警惕，在吴三桂与清军的联合夹击下，走上失败的道路。

本名
李自成

政权
大顺

都城
西安、北京

出生地
陕西米脂李继迁寨

口号
均田免粮、割富济贫

主要成就
领导农民战争，推翻明朝，建立大顺政权

历史疑案
大顺军山海关兵败之谜、李自成下落之谜

征战四方

李自成（1606年—1645年），陕西米脂人，世居怀远堡李继迁寨。幼时曾为僧，做过牧羊奴。成年后做驿卒，有勇有谋，被裁员后投军甘州，又闹饷哗变，投"不沾泥"义军，担任小队长。崇祯六年（1633年），李自成东渡黄河，投奔其舅父"闯王"高迎祥，称"闯将"。

崇祯七年（1634年），新任五省总督陈奇瑜约会各省围剿农民军。高迎祥和李自成率军奔逃，误入车箱峡（今陕西平利）。明军截住出口，农民军情势危殆。李自成用谋士顾君恩之计，贿赂陈奇瑜左右，向官兵诈降。陈奇瑜释放李自成等人，派

明·黄花梨木圆后背交椅
交椅是一种可以折叠的交足椅子，因椅足呈交叉状，故得此名，其基本结构在宋代已经定型。在古代，交椅不是任何人都能坐的，坐交椅是高贵身份、地位的象征。现今传世的明代交椅，以黄花梨最珍稀。

安抚官遣送回籍，李自成一出栈道，就杀了安抚官，"尽屠所过七州县"，一下声名大著。

崇祯八年（1635年），农民军攻下中都凤阳，李自成因争夺财物与张献忠结怨，分军西走甘肃。次年，高迎祥被陕西巡抚孙传庭俘虏，押送京师凌迟。李自成收其残部，继称"闯王"。崇祯十年（1637年），内阁大学士杨嗣昌策划了"四正六隅""十面网"的围剿战略，限制农民军流窜，各个剿灭。张献忠兵败降明，李自成在孙传庭和洪承畴的打击下，只剩十八骑败逃，遁入商雒山中。不久，清兵第四次入关侵扰。孙传庭、洪承畴等人均被调往辽东镇守，李自成得以喘息，在山寨中娶妻生子。

迎闯王

> 朝求升，暮求合，
> 近来贫汉难存活。
> 早早开门拜闯王，
> 管教大小都欢悦。
> 杀牛羊，备酒浆，
> 开了城门迎闯王，
> 闯王来了不纳粮。
> 吃他娘，着她娘，
> 吃着不够有闯王。
> 不当差，不纳粮，
> 大家快活过一场。

李自成行宫
行宫位于陕西省米脂县北的盘龙山上，依山据险，是明崇祯十六年（1643年）李自成在西安建立大顺国后，命他的侄子李过修建的。

闯王来了不纳粮

崇祯十二年（1639年），张献忠复叛于谷城，李自成趁机复起，刘宗敏等人杀妻誓从，轻骑走河南。当时中原旱灾严重，李自成开仓放粮，饥民争相投附，势复大振，队伍达到十余万人。举人牛金星、算卜者宋献策、杞县人李信等失意知识分子也来投靠。他们谋划出"均田免粮"的口号，争取人心。派人冒充商贾，散布"仁义之师"的传

言，又编"闯王来时不纳粮"的歌谣教小儿传唱。李自成以新的姿态，率军转战河南各地，取得了"五覆官军"的辉煌胜利。

崇祯十四年（1641年）正月，李自成攻克洛阳，杀死了福王朱常洵，没收金银财货无数。十二月，李自成进围开封。崇祯十五年（1642年），李自成围城打援，大败"平贼将军"左良玉于朱仙镇，先后歼敌十余万。最后，决黄河水灌淹开封，居民死无数。九月，守应率"革左五营"来投，李自成势力大增。崇祯十六年（1643年）正月，李自成改襄阳为襄京，建立政权，自称"奉天倡义文武大元帅"。三月，李自成被推举为"新顺王"。

破京灭明

崇祯十六年（1643年）五月，李自成攻克潼关。崇祯十七年（1644年）正月初一，李自成在西安称帝，国号大顺，改元永昌，改名李自晟，以李继迁为太祖。二月，李自成率大军东渡黄河，经山西攻夺北京。李自成于代州（今属忻州）、宁武关遭遇守关总兵周遇吉的顽强阻击，周遇吉最后火药用尽，开门力战而死，夫人刘氏率女眷20余人奋战而死。李自成损失惨重，下令屠城。之后一路势如破竹，所过70余州县，大多开门迎降。

三月十八日，大顺军在彰义门外民众的帮助支持下，填平壕沟，攻入北京外城。十九日，明廷官员太监开门揖迎大顺军进城。崇祯帝自缢于煤山（今景山公园）。李自成进京之初曾下令，严禁士兵杀掠，但几天后数百名明朝官员被押进刘宗敏营中，日夜折磨，勒索钱财。

李自成多次试图招降山海关总兵吴三桂。吴三桂以父受追赃拷索，爱妾陈圆圆被掠为借口，引清兵，报复农民军。四月初，李自成率6万精兵东征，二十二日，在山海关一片石遭吴三桂与清军夹击，惨败，退师北京。四月二十九日，李自成在武英殿匆匆举行皇帝登基典礼，第二天火烧紫禁城，满载着金银珠宝撤出北京。七月，李自成经由山西进入西安。次年，李自成在清军追击下转入湖广，接连战败，下落不明。

梳妆中的陈圆圆

陈圆圆（1624年—1681年），原名陈沅，明末青楼名妓，吴三桂的妾室。她被李自成的部将囚禁宫中，成为吴三桂引清军入关的原因之一。

明·掐丝珐琅缠枝莲花纹盘

折边花口,平底。盘内外施天蓝色珐琅釉,其上满布缠枝莲花纹。纹饰缜密,掐丝纤细。缠枝莲纹是一种以莲花为主体、以蔓草缠绕成的寓意吉祥的图案,广泛出现在古代建筑、纺织品、石雕、木雕和青花瓷器等上面。

1633年—1644年

献忠以武昌民众，不能顿杀，开城驱之入江，焚香三枝，与众刻期。如香尽而犹在城内者，尽杀。民争趋出，踩死万计，不能出者，杀之。凡驱民三十万，溺之于江。……献忠每自云：我是黄巢后一人。

——《明季北略》

张献忠建大西

张献忠是明末农民起义军的重要领袖，慓悍顽强，又多谋善战，善于流窜抢掠，是典型的"流寇"。历史上，他被描绘为杀人不眨眼的魔王，嗜杀成性的神经病狂，但近年来出现不同意见。

别称
八大王、黄虎

出生地
陕西柳树涧堡

时间
1644年

政权
大西

主要成就
起义反明，建立大西，抗击清军

逸事典故
江中沉宝、张家长李家短、敲竹杠、脏话圣旨

历史疑案
张献忠屠蜀、七杀碑

明·黄花梨木带踏床交机
交机，一种小型坐具，由八根直木构成。这件明代家具保存完好，制作精细，加之明代交机传世极少，所以非常难得。现藏于上海博物馆。

混战中原

天启末年，灾荒不断使陕西成为农民起义的中心地区。崇祯三年（1630年），张献忠在家乡聚众起义，自号"八大王"。张献忠读书识字，为人多智谋，果敢勇猛，很快就显示了指挥才能，他的部众成为义军中最强劲的一支。崇祯六年（1633年）冬，张献忠率军渡过黄河，加入闯王高迎祥队伍。

崇祯八年（1635年），各路义军被官军围困于河南。起义军首领高迎祥、李自成、张献忠、马守应、罗汝才等13人在河南荥阳举行了军事会议，决定分兵定向，冲破围剿。会后，张献忠和李自成在高迎祥的率领下向东挺进。张献忠作战勇猛，连破多个州县，攻破凤阳，全歼2万守军。史载，起义军大肆屠杀士民，焚毁民宅，摧毁皇觉寺，掘朱家祖坟，竖起"古元真龙皇帝"的大旗，摆酒庆功。张献忠所到之处掠夺骡马，

因而组织了强大的骑兵，令官兵追逐不暇。张献忠攻下凤阳后，挥师南下，进攻安徽和江苏，所向披靡。旋即回师向西，进军湖北，再入河南，又进入陕西，由商雒打回关中。在陕西，张献忠与明朝兵部尚书洪承畴统率的官军屡次激战，斩杀其大将艾万年、曹文诏，遂转而直插灾荒肆虐的河南。

崇祯十一年（1638年）春，各路农民军均连遭挫折。李自成在陕西遭到几次失败，逃入山中。张献忠在进袭南阳时被都督佥事左良玉的军队击败，逃到谷城（今属湖北），请求投降。左良玉知道他是假降，竭力要消灭他，被总理熊文灿阻止。张献忠在谷城受熊文灿"招抚"，仍拥兵4万，索要"十万人饷"，休整训练，伺机再起。罗汝才、马进忠、李万庆相继投降，不肯释甲。熊文灿以为得策，谓"天下无贼矣"。

鏖战湖广

崇祯十二年（1639年）五月，张献忠再次反明，得到罗汝才、马守应的响应。张献忠设伏兵，大败左良玉。崇祯帝大怒，改派兵部尚书杨嗣昌督师，命左良玉戴罪立功，再次围剿。起初，张献忠接连失利，非常被动。后来利用老百姓侦察情报，突袭官军，打了就走，致使官军主力疲于奔走，损兵折将。

崇祯十三年（1640年）闰正月，张献忠先后被将军左良玉和总兵郑崇俭击败，最后被围困在兴安归州山中。张献忠利用杨嗣昌和左良玉的矛盾，派人携重宝贿左良玉。左良玉斗志稍松懈，张献忠乘机收拾散众，突出重围。与罗汝才等人会合，集中兵力，突袭新宁（今四川开江），顺利地进入了四川。张献忠在四川"以走制敌"，使明军顾此失彼，疲于奔命，他则于崇祯十四年（1641年）正月大败左良玉的追兵。紧接着，张献忠挥师出川，昼夜急行军，直奔鄂中。二月，张献忠奇袭明朝军事重镇襄阳，完全粉碎了杨嗣昌的围剿计划，杨嗣昌逃到宜昌，忧惧而死。

明末官军主要势力

名称	创建者	兵源地	表现
关宁铁骑	孙承宗	辽东	先后随袁崇焕、祖大寿、吴三桂与旗军作战，部分随吴三桂降清
秦兵	孙传庭	陕北	镇压农民起义，活捉高迎祥，是明朝后期的主力军
天雄军	卢象升	北直隶	驻守宣大，与农民军作战，与清军巨鹿之战援军不至而覆没
戚家军	戚继光	浙江	历经萨尔浒、浑河之战，以少敌多，重创八旗军而覆没
白杆兵	秦良玉	四川	使用白杆枪，解京师围。与张献忠重庆之战中覆没
洪兵	洪承畴	各地	多次绞杀农民军，与秦兵一起打得李自成只剩18骑，松锦之战败降
左良玉兵	左良玉	各地	镇压农民起义过程中不断扩大势力，南明初仍号"八十万"

明·黄釉龙纹筒瓦勾头

筒瓦是用于大型庙宇、官殿建筑的窄瓦片，一般以黏土为材料。勾头也就是瓦当，只不过后者是元代以前的称呼，到了明清时期称为"勾头"。勾头端部表面的纹样非常丰富，在不同时代又各有特色，因此根据勾头纹样甚至能判断出其生产的年代。这块筒瓦勾头出自明孝陵方城西影壁，上饰龙纹，是孝陵地面建筑的一部分。现藏于明孝陵博物馆。

杨嗣昌死后，崇祯帝命三边总督丁启睿接任督师，继续围剿义军。左良玉也来助阵。崇祯十四年（1641年）八月，张献忠在信阳为左良玉部所败，带伤出商城，走英山方向，又被副将王允成击败，只剩下几十人。张献忠改投李自成。在此之前，罗汝才因与张献忠不合，投奔了闯王李自成。李自成欲杀张献忠，为罗汝才阻止。罗汝才私赠五百骑，张献忠自河南经安徽东下。李自成围攻开封，张献忠乘间陷亳州，入英山、霍山区，与马守应等人率领的"革左五营"义军会合。

崇祯十五年（1642年）二月，张献忠率会合后的义军攻陷舒城、六安，进克庐州。又连下无为、庐江，并在巢湖训练水军。接着又打败了总兵官黄得功、刘良佐的官军。张献忠义军的胜利，使"江南大震"。十月，张献忠义军被官军刘良佐部击败，"革左五营"北投李自成。张献忠率部西走郸水，攻占黄梅。崇祯十六年（1643年）正月，张献忠率部乘夜攻下郸州等地，募得数万人。五月，张献忠攻占武昌，处死楚王，得财宝数百车。

在武昌，张献忠自称"大西王"。同时，李自成也在邻近的襄阳建号称王，并对张献忠十分不满。八月，张献忠率部南下攻取湖南州郡，占据长沙。之后，又进军江西，在袁州附近和明军多次交战，义军损失严重。又折回北上，在嘉鱼（今湖北境内）大败左良玉的精锐部队，"良玉军，遂不振"。张献忠沿途收降官军，编为新附营，军容较前更盛。为了长远发展，张献忠决定再度入川。

入川抗清

崇祯十七年（1644年）正月，张献忠率部向四川进发。连克数州，击败总兵曹英和秦良玉。攻克泸州后，于六月二十日占领川北重镇重庆，处死明朝宗室和官僚，大肆杀戮，砍掉3.7万俘虏手臂。七月初四，张献忠亲自率义军分三路向成都挺进。沿路州县望风瓦解，烽火百里不绝，成都大震。张献忠使其众伪为援兵，混入城中里应外合，三日城破。两个月内，占据四川大部地区。十一月十六日，张献忠在成都称帝，建国号"大西"，改元"大顺"，以成都为西京。四川各地的明朝将领纷

明·佛顶尊胜陀罗尼石经幢
经幢是中国古代仪仗中的旌幡，是在竿上加丝织物做成，又称幢幡。后来佛教传入中国，人们开始将佛经写在丝织的幢幡上，为保持经久不毁，后来改书写为石刻，刻在石柱上。此经幢原立于北京市碧云寺内，现藏于首都博物馆。

纷聚集兵马，对抗大西军，张献忠对四川军民进行了残酷的镇压。

大顺三年（1646年）初，清朝派肃亲王豪格和吴三桂等统率满汉大军，直扑大西民军。此时，明参将杨展领兵复夺川南州县，由南面逼向成都。五月，豪格率清军攻占汉中。为了北上抗击清军，张献忠决定放弃成都，欲与清军死战。他分其兵为四，各率兵十余万向陕西进发。

当时原大西军将领刘进忠已经叛变，投降了豪格，为清军向导。十一月二十六日，豪格派护军统领鳌拜等将领，分率八旗护军轻装疾进，突袭大西军。张献忠仓促应战，战斗非常激烈，刘进忠为清将指点说："此八大王也。"清将急发暗箭射之，张献忠中箭而死，年仅42岁。大西军余部投靠南明，和清军战斗了十多年。这场旷日持久的战争中，各方势力大开杀戒，四川全境尸横遍野。到顺治十八年（1661年），四川仅剩下几十万人。

襄阳王府绿影壁
襄阳王府坐落在湖北省襄阳市襄阳城南的绿影壁巷东端，原本是明仁宗第五子襄宪王朱瞻墡的府第，为朱瞻墡于正统元年（1436年）自长沙徙襄阳时所建。崇祯十四年（1641年）张献忠攻克襄阳城时，王府遭焚烧，只有府中的绿影壁幸存。

1644年

癸卯，唐通、杜之秩降于自成，贼遂入关。甲辰，陷昌平。乙巳，贼犯京师，京营兵溃。丙午，日晡，外城陷。是夕，皇后周氏崩。丁未，昧爽，内城陷。帝崩于万岁山，王承恩从死。

——《明史》

崇祯殉国

这是一个有心无力的时代，虽勤劳节俭、不近女色、心怀壮志，然而内忧外患、群臣离德，积重难返的环境，再加上个人才干的不足，最后国君死社稷。

时间
1644年

地点
北京煤山

背景
李自成攻入北京，守城或降或逃亡，群臣各怀心思

殉国方式
自缢而死

影响
大顺占领北京，明朝作为一个统一的国家结束，南方明朝势力于南京拥立福王朱由崧建立南明政权；为大清入主中原客观上奠定了基础

自崇祯元年（1628年）开始，中国大部分地区遭受灾荒和瘟疫，持续十几年，有志于中兴的崇祯帝面临内忧外患。崇祯十二年（1639年）冬，组建"天雄军"的卢象升遭遇清军主力，因援军不至而壮烈牺牲。崇祯十五年（1642年），兵部尚书陈新甲死，与满洲议和的大门关闭。松锦大战，明军惨败，九塞之精锐，中国之粮刍，尽付一掷。清兵入关，破城80余座，杀宗室鲁王。关内的明军几乎被农民军消磨殆尽，李自成磨刀霍霍，对北京发起最后总攻。

眼望官军分崩离析，农民军越发猖獗，崇祯帝心中惶恐之极，缺兵、缺饷、缺将的情形令他一愁莫展。崇祯帝决定御驾亲征，大臣一听，便纷纷请缨。大学士李建泰请提兵，崇祯帝大喜，即加封为兵部尚书，赐尚方剑，亲自为他设宴饯行。不料这个代皇帝亲征的大学士筹兵未果，又听说李自成部已攻打过来，就北窜逃命去了。

崇祯帝朱由检
崇祯帝朱由检（1611年—1644年），字德约，16岁即位，节俭自律，不近女色，力图改变大明王朝末期的颓势，但生性多疑，能力不善，再加上历史因素，终无力回天，绝望而死。

明·石像生

石像生是帝王陵墓前安设的石人、石兽的统称，是皇权仪卫的缩影。在明代，每次举行大典的时候，除文武百官及军事仪仗排列两侧，还将人工驯养的狮子、大象等动物装在笼里，放在御道两旁，以壮皇威。

崇祯十七年（1644年）二三月间，李自成部已攻陷太原、宣府、居庸关。京城人心惶惶，崇祯帝知大势已去，想要南迁。但又有人建议固守京师，仿永乐朝事，让太子监国南京。崇祯帝不得不慨然表示"国君死社稷"。三月十六日，崇祯帝召对群臣，商计对策，人人默然无语。不久，昌平失守，农民军围攻北京城。崇祯帝仰天长号，绕殿环走，拊胸顿足，叹息通宵，大呼："内外诸臣误我！误我！"

十八日夜间，太监曹化淳开彰义门，大顺军一拥而入。太监张殷劝降，被崇祯帝一剑杀死。崇祯帝由愤恨、失望转向了疯狂，召集家人，一口气饮了几十杯酒，挥剑砍杀数名嫔妃和公主，皇后急赴坤宁宫自缢。长平公主在一旁痛哭不已，崇祯帝悲叹道："汝为何生我家！"一剑砍去，公主挥臂遮挡，被砍断右臂，昏倒在地。十九日破晓，太监大臣纷纷开门投降，大顺军进入北京内城。崇祯帝亲自在前殿鸣钟召集百官，可是没有一个人来。最终，他与太监王承恩登上了煤山寿皇亭，卸下皇袍，在衣襟上写下第六次罪己诏："朕凉德藐躬，上干天咎，致逆贼直逼京师，皆诸臣误朕。朕死，无面目见祖宗，自去冠冕，以发覆面。任贼分裂，无伤百姓一人。"与王承恩相对而缢。两天后，人们才发现这个僵死的国君。四月初，崇祯帝与周皇后被草草埋入今昌平区田贵妃的墓穴之中。

1645年

当是时，士英旦夕冀入相。及命下，大怒，以可法七不可书奏之王。而拥兵入觐，拜表即行。可法遂请督师，出镇淮、扬。

——《明史》

史可法孤守扬州

史可法为官清廉，忠于明朝，宁死不屈，尽管他并没有力挽狂澜的军事才能，但他的精神鼓舞着人们的抗清斗争，他虽死犹生，成为民族英雄的楷模。

别称
字宪之，号道邻、史忠正、史督师、史阁部

主要作品
《史忠正公集》

主要成就
拥立福王，抗击清军

谥号
忠靖（南明）、忠正（清朝）

官职
督师、建极殿大学士、兵部尚书

典故
扬州十日、
留头不留发，留发不留头

史可法
史可法（1602年—1645年），字宪之，又字道邻，祖籍今河南开封人。明末南京兵部尚书、东阁大学士。史可法一生为官清廉，政绩卓著，死时年仅44岁。此像现藏于沃尔特斯艺术博物馆。

立志报国

史可法（1602年—1645年），籍贯河南祥符（今开封）人。万历三十年（1602年）生于顺天府大兴。少时家境清寒，冬日短衣无火，往往寒涕交颐，但他苦学不懈，很有抱负。19岁时受顺天督学左光斗赏识，收他为弟子，留于馆署。此后，史可法愈加刻厉勤奋，在左光斗忠孝节义思想的熏陶下，立志以身忠君报国。

天启五年（1625年），左光斗因反对阉党魏忠贤而被革职下狱，受到残酷折磨。史可法冒死贿赂狱卒，入监探视恩师。左光斗不愿他受牵累，强行赶走他。左光斗宁死不屈的形象始终激励着史可法，以后常常流泪向人讲述这些往事。左光斗惨死后，他又设法入狱殓尸，安葬了恩师。

崇祯元年（1628年），史可法中进士，授陕西西安府推官，协助洪承畴镇压陕北农民起义，之后又自请赴皖西协助总理卢象升镇压农民军。史可法身躯矮小，面黑貌陋，而双目有神，精明强干。他作风朴素，与士卒同甘苦，驰驱江淮间，时常十几天衣不解带。天寒之时，夜里与士兵背靠着背坐在草地上小睡一会儿，甲胄结满冰，起身之时，冰霜嘎吱作响。在镇压农民军起义时，他杂处行伍间，食物先让士兵吃，衣物先让士兵领用，律己严而待人诚，士卒因此都服从他的指挥，作战勇敢。

> **六安署病中感怀**
> 待理犹繁苦抱疴，
> 公余侧枕唤如何。
> 民饥由己嗟艰食，
> 兵悍逢人欲弄戈。
> 抚字无能先布德，
> 催科宁忍复为苛。
> 白云交瘁燕山下，
> 国手谁怜妙剂多？
> ——明·史可法

调解诸将

崇祯十七年（1644年），李自成农民军围攻北京，史可法率军进京勤王，到达浦口时，传来崇祯帝自缢的噩耗，史可法向北痛哭失声，以头撞柱，血流满身。凤阳总督马士英抢先行动，外结武将，内贿勋臣，传谕将士奉福王朱由崧为三军之主，是为弘光帝。史可法虽拜为礼部尚书兼东阁大学士，掌兵部事，但受到马士英党羽极力排挤，处处受到掣肘。于是请求出京督师，率领部下慨然渡江北上。

此时的江北早已混乱不堪。刘泽清、刘良佐、高杰、黄得功江北四镇，争权夺地，大肆掠夺，所经之处，尸横遍野。扬州城外，一派末世景象。"翻山鹞"高杰一向惧怕史可法，听说他要来，连夜挖掘近百个土坑掩埋尸骸。第二天拜见史可法，汗流浃背。史可法却

桃花扇
清坚白道人绘。这幅画描绘了史可法在扬州城头观看敌情的场景。《桃花扇》为清孔尚任著，讲述了明末文人侯方域与秦淮名妓李香君的爱情故事，表现南明王朝的兴亡与明朝的覆灭。

史可法遗书

这是史可法在明弘光元年（1645年）四月十九日所写的五封遗书之一。

史可法纪念馆飨堂

位于江苏省扬州市维扬区，是清朝时修建的史可法祠墓所在地。飨堂为祭祀的地方，堂前两边悬清张尔荩撰名联："数点梅花亡国泪，二分明月故臣心"。

语气温和，坦诚相待，高杰终于感悟。史可法忍辱负重，委曲求全，总算使江北暂时稳定下来。

当时清军灭明的意图已日益明显，但史可法却复仇心切，仍坚持把镇压农民军放在首位，甚至幻想"联清剿寇"。直到清军攻入宿迁，陈兵江淮，史可法才幡然醒悟。弘光元年（1645年）一月，高杰西征途中，被暗中降清的河南总兵许定国诱杀，清军乘机南下。幕僚阎尔梅劝他渡河复山东，或西征复河南，抑或稍留徐州，皆被史可法拒绝，一心以退保扬州为上策。

孤守扬州

弘光元年（1645年）四月，清军进取亳州（今属安徽）后，进逼扬州。刘泽清、刘良佑和高杰余部或北降或南逃，牲畜船只掳掠一空，史可法檄召各镇援兵，仅总兵刘肇基自高邮赶来。刘肇基请求乘清军阵脚不稳，先发制人，背水一战。但史可法没有采纳。清军兵力集结而来，同时不断地向城中发出招降书，史可法都不启封，投放火中。

史可法和扬州地方官员发动扬州士民日夜固守，"誓与城为殉"。清军派降将李遇春前来劝降，史可法严词拒绝。部将李栖凤、高凤岐见势不妙，乘夜率部出城叛降清军。扬州守御更为薄弱，粮饷也更不可继，然而史可法毫不动摇，

自守旧城西门险要，击退清军多次进攻，发炮杀敌数千。清军士气大为沮丧，多铎下令调红夷炮助战。二十三日，清兵红夷巨炮至，多铎亲率精锐猛攻扬州西北隅。史可法率军民浴血奋战，前仆后继，奋勇杀敌，击退清军数十次猖狂的进攻。

壮烈殉国

二十五日，清兵诡称明军援兵诈开城门，逢人便杀，扬州顿成血海。史可法见清兵如潮涌入扬州，决心以身殉难，拔剑自刎，却为部将抱住救下，拥出小东门，猝遇清兵。他神情自若，大声道："我史督师也！"多铎令史可法旧部杨遇蕃劝降，遭到史可法痛骂，狼狈而退。多铎请史可法坐，又引洪承畴降清的例子，百般威胁利诱，妄想说服他。史可法始终大义凛然，坚贞不屈。多铎便下令在军前将他杀害，尸体惨遭肢解，时年44岁。

史书记载，清军占领扬州后，纵兵屠掠，十日封刀，史称"扬州十日"。尸骨堆积如山，史可法遗体难以辨认，不知下落。一年后，其义子史德威以袍笏招魂，将其衣冠葬于扬州城外梅花岭。

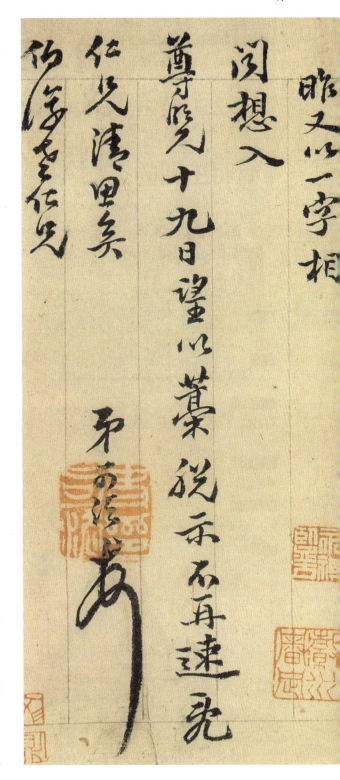

史可法书扎

1644年—1662年

道周请自往江西图恢复。以七月启行,所至远近响应,得义旅九千余人,由广信出衢州。十二月进至婺源,遇大清兵。战败。

——《明史》

南明王朝的灭亡

崇祯帝殉国后,明朝据有淮河以南的大半江山,账面上实力依然是最大的。但南明没有一个强力的领导核心,内部党派林立,军阀各自为战,甚至幻想"联虏平寇",最终没有像南宋那样实现隔江而治。

国号
大明

首都
南京(留都),其余皆称行在

主要城市
应天府、奉天府、天兴府、云兴府

官方语言
南京官话

国家领袖
朱由崧、朱聿键、朱由榔

外交
安南、日本、琉球、吕宋、占城曾派使者入贡

弘光元年

崇祯十七年(1644年)五月,福王朱由崧即帝位,年号弘光。弘光元年(1645年)四月,清军攻陷扬州,史可法以身殉难。五月,清军占领南京。朱由崧逃至芜湖被俘。弘光政权维持了一年就灭亡了。

清朝为了从心理上征服广大汉族人民,颁布剃发令,"留头不留发,留发不留头",遭到了汉族人民的强烈抵抗。苏州、松江等地群众组织乌龙会,反对剃发。江阴人民高呼"头可断,发不可剃",共推阎应元、陈明遇、冯厚敦为领袖,顽强抵御清兵,坚持了81天,击毙清军三王十八将。弘光元年(1645年)八月,清军在江阴屠城三日,杀人17万之

黄宗羲
黄宗羲(1610年—1695年),浙江绍兴府余姚县人,明末清初经学家、史学家、思想家、地理学家、天文历算学家、教育家,与顾炎武、王夫之并称"明末清初三大思想家"。

多。弘光元年（1645年）六七月间，义军和清军反复争夺嘉定，清军每次攻破嘉定，都进行大屠杀，反复三次。这就是历史上著名的"嘉定三屠"。

弘光元年（1645年）闰六月，著名学者黄宗羲组织"世忠营"义军，联合当地官宦，迎接鲁王朱以海至绍兴，以监国的名义建立政权。清兵南下，鲁监国的军队接战不利，大臣张煌言、武将张名振等奉朱以海占据舟山。四年后，清军攻下舟山，朱以海逃亡，去鲁监国名号，接受永历政权的辖制。

差不多与鲁监国建立的同时，原弘光朝廷委任的镇江总兵郑鸿逵、南安伯郑芝龙、礼部尚书黄道周、福建巡抚张肯堂等人迎奉唐王朱聿键在福州称帝，建元隆武，政权初具规模。在隆武的旗帜下，各派抗清力量无法联合起来，且作为主要力量的郑芝龙对兴复明室并不热心。

隆武元年（1645年）九月，黄道周凭着朱聿键发给的百道密札，召集群众达数千人，装备农具、木棍，号"扁担兵"，其夫人组织"夫人军"后援。北伐军进至广信府，兵败，黄道周被清兵抓去，不屈而死。死前在袍子上，用血写下"大明孤臣黄道周"七个大字。郑芝龙撤军回南安老巢，朱聿键出奔，在汀州被俘，死于福州，历时一年的隆武政权灭亡。隆武政权的大学士苏观生于广州拥朱聿键之弟朱聿鐭称帝，当君臣还在练习朝仪的时候，降将李成栋率

明·项元汴·山水图
纸本，水墨，立轴，项元汴绘于1576年。项元汴（1525年—1590年），字子京，号墨林、明代著名收藏家、鉴赏家，工绘画，兼擅书法。

领的清兵已打进广州城。这个政权只存在了40天。

永历政权

隆武政权灭亡后，原弘光朝廷的两广总督丁魁楚、广西巡抚瞿式耜等，在肇庆拥立桂王府永明王朱由榔建立永历政权，据有湖广、西南等地。永历政权的主要地盘在广西，由瞿式耜镇守桂

明·佚名·南都繁会图

绢本，设色，全称《南都繁会景物图卷》。这幅明代宫廷绘画作品真实地反映了明朝晚期的陪都南京城市商业兴盛的场面，因此被赞为"南京本土的《清明上河图》"。现藏于中国国家博物馆。

林，形势比较稳定。

永历政权是南明政权中历时最长的一个政权。湖广巡抚何腾蛟招抚的荆襄十三家军、张献忠部将李定国、孙可望等先后归附永历政权，在一定程度上实现了南明政权和农民军的联合抗清。顺治四年（1647年），清朝在广东的大将李成栋和在江西的大将金声桓反清归明。李成栋与金声桓策划夺取赣州，打开广东、江西通路，使永历政权得到了极好的发展机会。南明军队一度收复了全州（今全县），北上汉水间。但由于永历政权缺乏人才，未能统一计划，协同作战，至永历三年（1649年）春，被清军逐一击败，何腾蛟、金声桓、李成栋相继战死。

永历四年（1650年）十一月，清军攻陷岩关、桂林。瞿式耜、张同敞（总督，张居正后人）置生死于度外，赋诗唱和，得百余首，题为《浩然吟》。10天以后，清兵在独秀山下把他们杀害。之后，朱由榔依附孙可望、李定国，辗转于贵州、云南，多次遭遇败绩，逃入缅甸。清康熙元年（1662年），缅甸当局将朱由榔交给清

明·铜鎏金老子像

老子端坐，头戴莲花金冠，面容慈祥，两耳大垂，美髯拂胸，宽衣裙带，线条简练生动，人物形象惟妙惟肖。

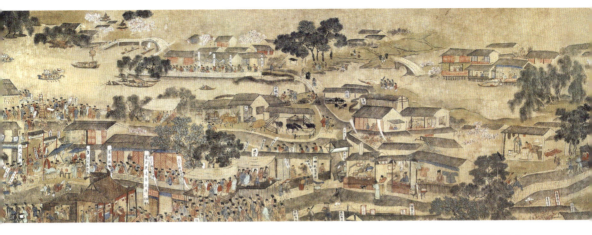

军，被吴三桂用弓弦绞杀，李定国得知消息也悲愤而死。

明郑时期

郑成功是郑芝龙之子，隆武帝赐他姓朱，因此被称为"国姓爷"。郑芝龙降清，他深以为耻，举起"背父救国"的大旗，招集义军。永历三年（1649年），郑成功改奉永历年号为正朔，永历帝即册封其为"延平王"。郑成功以福建沿海为基地，多次大败清军，清顺治帝曾多次招抚他，敕封为"海澄公"，并承诺给予泉州府，郑成功都拒绝。

顺治十六年（1659年），郑成功联合张煌言，北伐讨清。水陆大军17万，分83营，声势迅猛。义军在崇明岛登陆，连破瓜洲、镇江，包围南京，震动江南。后因郑成功中清军缓兵之计，被清军偷袭，以致大败，损兵折将，郑成功退回福建。向徽州进军的张煌言势孤力单，被清军击败。张煌言返回浙东一带坚持反清斗争，康熙三年（1664年）被捕，在杭州城外就义。

为了解决大军的后勤给养问题，郑成功决定收复荷兰殖民者侵占的台湾岛。顺治十八年（1661年），郑成功率大军乘船驶达台湾，经过几个月的战斗，终于迫使荷兰殖民者投降。

郑成功的明郑王朝以台湾为根据地，又进行了20年的抗清斗争，直到康熙二十二年（1683年）郑克塽降清。

鼓浪屿岛上的郑成功石像
郑成功（1624年—1662年），福建泉州人，抗清名将，得隆武帝赐明朝国姓"朱"，赐名成功。

> 1472年—1529年

又为蜡书遗伪相李士实、刘养正,叙其归国之诚,令从臾早发兵东下,而纵谍泄之。宸濠果疑。与士实、养正谋,则皆劝之疾趋南京即大位,宸濠益大疑。

——《明史》

王守仁与阳明学派

王守仁是典型的"官二代"出身,从小立志忠君报国。他一生有两大功绩,一是平定叛乱,重建基层组织;二是创立心学,矫朱子理学之弊。他的学说传到日本,广受崇拜,使他成为维新志士的精神教父。

创立学派
阳明学

职业
哲学家、政治家、军事家、文学家

主要成就
平定宁王之乱,平定思田、诸瑶叛乱,剿灭南赣盗贼,创立"阳明心学"

代表作品
《王阳明全集》《传习录》《大学问》

著名推崇者
曾国藩、孙中山、蒋介石、东乡平八郎

王守仁
王守仁(1472年—1529年),字伯安,号阳明子,世称阳明先生,今浙江宁波余姚人。明代大思想家,陆王心学之集大成者。王守仁是陆王心学之集大成者,非但精通儒、释、道三教,而且能够统军征战,是中国历史上罕见的全能大儒。

"格物穷理",龙场彻悟

王守仁(1472年—1529年),绍兴余姚(今属浙江)人,为东晋王羲之后裔。父王华,进士出身,官至南京吏部尚书。据说守仁妊娠14个月而出生,祖母梦见神仙自云中送子,故初名云。5岁尚不能言,更名守仁,才会说话。15岁时随父出游居庸关、山海关,目睹边疆危情,又听闻京畿地区农民起义肆虐,深为国家忧虑,数次欲献策于朝廷,被其父斥为"狂"而止。28岁登进士,入工部实习。王守仁面对当时北方边境岌岌可危的形势,上边务八事。之后几年,又赴南直隶、山东等地任事。

青少年时代的王守仁,兴趣广泛,思想多变。他早年在北京时曾努力探求朱子"格物穷理"之学。朱熹谓"理一分殊",一草一木,皆涵"天理"。守仁即取竹子"格"之,希望能由此"格"出"天理",成为

"圣贤"。然而，他连"格"了七天，不但未得其"理"，反而害了一场大病。此后，他冷淡了朱子的"格物"之学，研讨诗词文赋。守仁天性喜好言兵，善骑射，读遍兵家秘籍。因而又攻读佛、老之学，甚至隐居绍兴阳明洞静修。这段经历对他后来创立"心学"有着重要的影响。

正德元年（1506年）十二月，王守仁得罪了"立皇帝"刘瑾，被下锦衣卫狱，矫诏杖五十，谪贵州龙场（今修文）当驿丞。但刘瑾仍不罢休，使人一路跟随，欲伺机置守仁于死地。王守仁行至钱塘江，知道自己难逃一死，于是急中生智，乘夜伪为投江，浮冠履水上。浙江官府皆信以为真，家人也为他举丧。王守仁遂隐姓埋名，秘密潜往贵州。刘瑾移恨于其父，免去王华南京吏部尚书，勒令致仕还乡。

正德三年（1508年）春，王守仁终于来到贵州龙场驿这个万山丛中的蛊毒瘴疠之地。驿丞地位低下，让年富力强的王阳明备尝横逆，吃尽苦头，郁闷沮丧，只能寄托于寻找圣人之道安慰自己。他谪居龙场两年间，应付俗务之余，就专心修心忍性，体验"圣人之道"。据说，忽一大夜里，悟得天理，高兴得手舞足蹈，大叫起来："圣人之道，吾性自足。""天理"就在心中，心外无"理"。之后王守仁又提出"知行合一"，强调了知和行的联系，且最终把行归结于知，只有乐于付诸行动，才是真的知了。

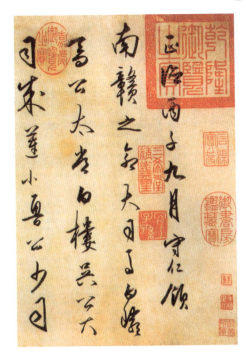

龙江留别诗卷（局部）
此卷为王守仁的书法佳作之一，纸本，草书，诗是王守仁在南京与兵部尚书乔宇、太常寺卿吴一鹏、国子祭酒曾铎等宴饯时的唱和诗，书于正德十一年（1516年）。

剿匪平叛，遭妒夺功

正德五年（1510年），刘瑾失宠被诛，王守仁离开贵州龙场，先后任吉安府庐陵县知县和南京刑部四川清吏司主事。次年，为吏部尚书杨一清举荐，赴吏部任职。正德十一年（1516年）九月，因闽、赣等省农民起义势不可当，兵部尚书王琼特举王守仁为都察院右佥都御史，巡抚江西，镇压山匪。

接到任命之后，王守仁日夜水陆兼程，赶到江西，开府上任。他一到任就采取挑选精兵和召募乡兵相结合的办法，选"能将"督练，整肃军纪，改革

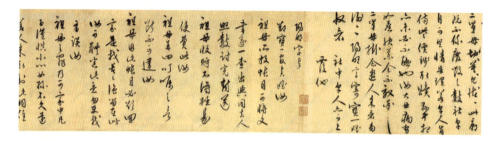

与郑邦瑞尺牍（局部）
纸本，行草，纵24厘米，横392.8厘米。这是王阳明手写的一封家书，写信对象是他的外甥郑邦瑞，内容是吩咐郑邦瑞关于家事的安排。手札留存至今，被视作明代书法代表作之一。现藏于美国普林斯顿大学美术馆。

兵制，很快平定了匪患。王守仁又进一步提出：赣、闽、湘、粤四省交界处山岭相连，应设巡抚一员，专任防匪。王守仁还推行"十家牌法"，实行举报和连坐，切断流民和农民的联系。立"乡约"，推行保甲之法；兴社学，延师教子，从根本上防治匪患。

由于王守仁剿匪有功，正德十三年（1518年）六月被升为都察院右副都御史，荫子锦衣卫世袭百户，再进副千户。王守仁感恩戴德，更加忠心耿耿效忠明朝。正德十四年（1519年）六月，宁王朱宸濠举兵反叛。王守仁当时正在赶往福建途中，闻听宸濠反，义愤填膺，立刻自行返回吉安。为躲避宁王士兵的追捕，王守仁易服潜行，狂奔三昼夜。到达吉安，他派专人火速赴京说明详情，又设疑兵之计，声称朝廷已派8万官兵向南昌进发。朱宸濠犹疑不定，在南昌等了十多天，才沿江东下。

七月初二，朱宸濠留兵万余人守南昌，自己率舟师顺江东下，进攻安庆。王守仁综观全局，力排众议，提出"攻取南昌，夺其根基"的策略。果然不出所料，朱宸濠闻老巢受敌，遂弃安庆，仓皇回师援。王守仁攻破南昌，逆击宁王回师之兵。七月二十四日，双方战于鄱阳湖。王守仁指挥明军大败朱宸濠，击毙溺死3万余人。七月二十六日，王守仁率兵突袭，活捉正在早朝议事的朱宸濠及其世子、郡王、仪宾等，一举平息朱宸濠之叛。

七月三十日，王守仁连上疏报捷，希望得到朝廷的赞赏。不料武宗身边太监张忠等人为夺平朱宸濠之功，构陷王守仁始同朱宸濠谋反，后知事必败，转而擒朱宸濠脱罪攘功。王守仁为了保全身家性命，连夜械送朱宸濠取道入杭州，交给太监张永。张永与张忠一伙本有矛盾，向武宗进言王守仁忠心。张忠之流又一面污蔑王守仁目无君上，一面阻挠王守仁见皇上。王守仁一愤之下，脱掉官服入九华山。张永闻知，再次进言王守仁是忠臣，武宗之疑忌始释。十一月，张忠又领军万余人大肆骚扰南昌，声称"讨宸濠余党"，唆使部下辱骂挑衅王守仁。王守仁不为所动，待之以主客之礼。张忠又要比射箭，王守仁三发三中。张忠见无隙可寻，怨恨而去。最终，王守仁重写奏疏，把胜利归功于皇帝的雄才大略，陈述张忠等人的"功劳"。武宗等人收到奏疏"班师"回京，王守仁终于逃过一劫。

建书院，"致良知之教"

正德朝政治败坏，时局动荡，社会风气也腐朽不堪。农民起义、宁王反叛、官僚争权夺利，王守仁认为都是人心"不正""私欲"作祟的结果。在统领官军平定农民起义时，王守仁在给他的门生薛侃的信中说："破山中贼易，破心中贼难。"认为对农民起义的问题，单靠武力镇压解决不了根本问题，只有用"正人心"的办法才能防患于未然。

为此，王守仁创办书院，招集子弟，日夜讲学，形成自己的学派，出版著作，扩大影响。《传习录》是他一生讲学的记录稿，由门人整理而成，也是王守仁最主要的哲学著作。全书系统地阐述了他的"心学"思想："心生万物"说、"知行合一"论和"致良知之教"。他主张要用"良知"去修剪"私欲"。良知对宇宙而言，就是创造万物的精神，"良知是造化的精灵，这些精灵生天生地，成鬼成帝，皆从此出。"良知在人就是人天生具有的心灵禀赋，"吾心之良知，即天理"。他将学说总结为最得意的"四句教"："无善无恶是心之本体，有善有恶是意之动，知善知恶是良知，为善去恶是格物。"并传授给他的门生。

王守仁强调"心"的作用，强调专做"正人心"的功夫，即是强调人的自我意志，肯定个体内在的自由和价值，教人敢于行使自己的意志，即使贩夫走卒也可以"自尊无畏"地表现自己。这是一种革命性的学说，非常有利于打破陈旧的条条框框，使人获得灵魂的解放。所以，它一经提出就能产生巨大影响，并在一个比较长的时期内占据主导地位，成为儒学的主流。

嘉靖六年（1527年）初，王守仁带病平定广西民乱，回乡行至江西南安县时，病势危急。弥留之际，仍念念不忘他的"心学"。门生问何遗言？王守仁微哂曰："此心光明，亦何复言。"十一月二十九日（1529年1月9日）辰时逝世，终年57岁。

王守仁死后不久，其学说开始分化为"王学七派"。其中江右王学是当时最有影响的王门学派之一，并享有"王学正宗"的称誉。而王艮、颜钧、何心隐、李贽等人代表的泰州学派，学说简单易行，站在平民立场，批评君主制度，被视为异端。

泛海

险夷原不滞胸中，
何异浮云过太空？
夜静海涛三万里，
月明飞锡下天风。

——明·王守仁

> 少年中国史

▶ 1587年—1641年

岷流入江，而未始为江源，正如渭流入河，而未始为河源也。不第此也，岷流之南，又有大渡河，西自吐蕃，经黎、雅与岷江合，在金沙江西北，其源亦长于岷而不及金沙，故推江源者，必当以金沙为首。

——《溯江纪源》

《徐霞客游记》

徐霞客是中国古代知识分子的异类，他不求功名，却喜欢冒险，猎奇，"闻奇必探，见险必截"。他被世人称为"游圣"，他所著的《徐霞客游记》不仅是一部旅游记录，更是一部科学技术著作。

谥号
寅坤仙人

创作时间
1607年—1640年

文学体裁
散文游记

主要内容
有天台山、雁荡山、黄山、庐山等名山游记17篇和《浙游日记》《江右游日记》《楚游日记》《粤西游日记》《黔游日记》《滇游日记》等，60万余字

后人评价
李约瑟："《徐霞客游记》读来并不像17世纪的学者所写的东西，倒像是一位20世纪的野外勘察家所写的考察记录。"

徐霞客（1587年—1641年），名弘祖，字振之，别号霞客，南直隶江阴（今属江苏）人。祖上是江阴名门望族。可是父亲徐有勉时家道衰落，他厌恶达官贵人，自隐田园，爱好游山玩水。母亲性格开朗，精于纺织，勤劳持家。受父亲影响，徐霞客无意功名，他博览群书，尤其爱地理志。徐霞客18岁时，父亲去世，在母亲的支持下，他才得以实现"朝碧海而暮苍梧"的人生志愿。

万历三十五年（1607年），22岁的徐霞客开始走出家门，游览名胜古迹。之后十余年，因为牵挂老母亲，他断断续续出游中国东部和中原地区，并写下了少量的游记。他的出游时间一般少则10天，多则两三个月。各次出游之间相隔几个月或几年。

徐霞客故居第一进后门
故居位于江苏江阴，明末时曾因遭遇战火而焚毁，清顺治年间，徐霞客的侄孙徐君铨重建。

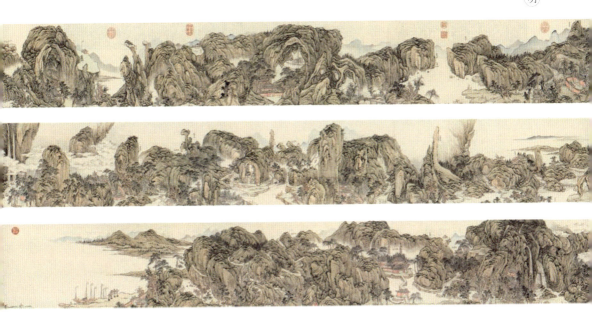

这个时期所写的游记不多,只占整个游记的7%。但也让他获得了不少第一手资料,积累了旅行探险的经验,为"万里遐征"打下了坚实的基础。

崇祯九年(1636年)至崇祯十三年(1640年),51岁的徐霞客开始了西南"万里遐征",历时4年,经9省,行3万余里,到达中缅边界。其间经历遇盗、绝粮、涉险等种种艰难险阻,他都没有动摇,矢志向前。这段时间见闻是《徐霞客游记》的主要部分,占93%。崇祯十三年(1640年)六月,他在云南因病重返回家乡,次年正月二十七日逝世。

除游记外,还有诗文、书信等。由于战乱,失散了不少,经后人收集整理,以抄本流传。乾隆四十一年(1776年),徐霞客的族孙徐镇将李介立抄本校勘考订,刻板印书,这是《徐霞客游记》的第一个木刻本。

雁荡图

清钱维城绘。雁荡山坐落于浙江省温州市,是一座典型的白垩纪流纹质古火山,以奇峰、瀑布著称。它是国家重点风景名胜区,中国十大名山之一,徐霞客曾三次游历雁荡山,前后写下了两篇《游雁荡山日记》,徐霞客掷笔叹曰:"欲穷雁荡之胜,非飞仙不能。"

《徐霞客游记》内容非常丰富,不但记录了地理、自然的资料,还记载了不少人文风情。其中以地貌、水文、气象、地质、动植物等方面的篇幅最多,学术价值尤大。徐霞客描述过的地貌形态名称多达102种,关于岩溶地貌和洞穴的论述,领先西方150多年。游记还详细描述了各地的水体类型和水文特征,记载大小河流551条,论证了金沙江才是长江的源头,以及湖、泽、潭、池、沼泽、地热等地198个。《徐霞客游记》还记载了所到地区农工商贸等发展情况和城镇聚落、民族构成、民情风俗等内容。

1587年—1666年

卷分前后，乃贵五谷而贱金玉之义，"观众""乐律"二卷，其道太精，自揣非吾事，故临梓删去。丐大业文人，弃掷案头，此书于功名进取，毫不相关也。

——《天工开物·序》

科学名士宋应星

怀一颗救世报国之心，再卑微的职位上也能流芳万世。宋应星，明亡不仕，专著一部《天工开物》，成为"中国17世纪的工艺百科全书"，至今仍在国内外广泛流传。

出生地
江西南昌

职业
科学家

主要成就
著《天工开物》，提出协调自然力与人力开发物产的科学思想

代表作品
《野议》《论气》《谈天》《思怜诗》《春秋戎狄解》等

《天工开物》书影
《天工开物》是中国历史上有关科学技术的最重要著作之一，成书年代明崇祯十年（1637年）。全书分为上中下3卷18篇，载了明朝中叶以前的各项技术，并附有123幅插图，描绘了130多项生产技术和工具的名称、形状、工序。《天工开物》是世界上第一部关于农业和手工业生产的综合性著作，书中记述的许多生产技术，一直沿用到近代。

才大学博，勤于著述

宋应星，字长庚，南昌奉新北乡（今宋埠乡）人。宋姓乃当地望族，宋应星出生时，家族日益没落，而母亲又是农民的女儿，所以自幼熟悉农业生产和群众。奉新地区文风很盛，宋应星自幼受到了良好的教育，青年时代已熟读经史及百家书，对自然科学及技术很感兴趣。

万历四十三年（1615年），宋应星与兄同时中举，为县中仅有的两人，人称"奉新二宋"。但他之后三次参加会试，均未中，由此遂绝科举之念。崇祯四年（1631年），宋应星回乡服侍母亲。崇祯八年（1635年），宋应星出任袁州府分宜教谕，掌管县学。他任职

4年，成绩卓著，使当地"士风丕振"。这期间他将大量业余时间用来研究和写作，完成了他的大部分主要作品。

崇祯十一年（1638年），宋应星考列优等，旋升为福建汀州府（今福建长汀）推官，掌管一府刑狱，两年后辞官归里。崇祯十六年（1643年）再任南直隶凤阳府亳州知州，然此时已值明朝灭亡前夕，官府毁坏，官员多出走。他努力重建，使之初具规模，又捐资在城内建立书院。次年甲申（1644年）初，李自成占领亳州附近，宋应星弃官返回奉新。南明弘光政权灭亡后，清兵南下取江西，其兄服毒殉国，宋应星埋葬胞兄后，隐居不仕，在贫困及悲愤中度过晚年，约卒于康熙五年（1666年），享年80岁。他的子孙皆奉其"不科举，不做官"的遗训，在家安心耕读。

宋应星才大学博，注重实学，又勤于著述，是一位百科全书式的学者。其作品大多成于明末或明清之际，反清倾向强烈，曾作《春秋夷狄解》，宣扬夷夏之辨，故为清统治者所不容。大部分作品已散佚禁毁，至今留下的有《天工开物》《野议》《思怜诗》《论气》和《谈天》五种。

天工开物，闪耀世界

《天工开物》是宋应星的主要代表作，初刻于崇祯十年（1637年）。全书共3卷18篇，内容涉及中国古代农业和手工业等30个生产部门的技术和经验，书中资料皆来自实地考察，包括社会生产的全部领域。按照"贵五谷而贱金玉"的原则，将农业置于首位，其次是工业，最后是珠玉。各篇叙述均有主次，突出

瓦坯脱桶

《天工开物》插图，展示了制瓦工艺。《天工开物》对中国古代的各项技术进行了系统的总结，书中记录的许多生产技术目前仍在使用。

澄结糖霜瓦器

《天工开物》插图，记载了古人用泥浆脱色法制白砂糖。

琢玉
《天工开物》插图。这部分主要记述金属矿物的开采和冶炼,兵器的制造,颜料、酒曲的生产,以及珠玉的采集加工等。

重点产品以及先进地区的生产技术。书中还附有123幅图解,展示有关生产过程。

上卷6篇多与农业有关。《乃粒》论述各种粮食作物的种植、栽培技术及生产工具,详细介绍了江南水稻种植。如育秧后30天分栽,秧田与本田之比为1∶25。又说早稻食水3斗,晚稻食水5斗,失水即枯。还介绍农药拌种、改进土壤酸碱性等技术。《乃服》包括养蚕、缫丝、丝织、棉纺、麻纺及毛纺等生产技术。介绍了蚕的变异现象,被生物学家达尔文引用。并绘出大型提花机结构图。《粹精》叙述稻、麦收割、脱粒及磨粉等农作物加工技术,介绍了具有灌溉、脱粒、磨面三种功能的机械——江西水碓。

中卷有7篇,多为手工业技术。《陶埏》叙述砖瓦及陶瓷器,着重以景德镇为例详细介绍。《冶铸》着重叙述铜钟、铁锅及铜钱铸造技术及设备,包括失蜡、实模及无模铸造三种基本方法。《舟车》详细标明了各船舶和车辆结构构件及用材,叙述其驾驶方法。《锤锻》系统论述了从万斤大铁锚到绣花针的各种金属器具的锻造工艺。《燔石》涉及石灰、煤、矾石、硫黄和砒石的采炼,记载了"明矾净水"的方法。《膏液》介绍16种油料作物的产油率、油的性状、用途，压榨法与水代法，还谈及制蜡烛的技术。《杀青》介绍不同类型纸张的工艺技术和设备，配有生产操作图。

下卷有5篇，也属工业。《五金》论述金属矿开采、洗选、冶炼和分离技术，还有灌钢、各种铜合金的冶炼，附生产过程图。其中记载的以生铁与熟铁合炼成钢，为近代马丁炉的始祖。引入了比重概念，世界上最早介绍了金属锌（"倭铅"）冶炼工艺。在研究金属提取时，认识到"质量守恒"的思想。《佳兵》涉及火药、火器的制造技术，包括火炮、地雷、水雷、鸟铳和万人敌（守城用燃烧弹）等武器。《丹青》主要叙述以松烟及油烟制墨及供作颜料用的银朱（硫化汞）的制造技术。《曲蘖》详细记述酒母、药用神曲及丹曲（红曲）。《珠玉》则记述南海采珠、新疆和田地区采玉以及各种宝石加工技术。

17世纪末，《天工开物》传入日本，被广为传抄，成为江户时代日本各界广为重视和征引的读物，刺激了"开物之学"在日本的兴起。20世纪此书又被译成现代日本语，至今仍畅销。该书还被译成多种文字。"进化论"提出者达尔文读过这本书，并做过引证，称之为"权威著作"。

没水采珠船
《天工开物》插图。古人装备齐全，下到南海去采珍珠。

17世纪早期

从围城中搜得莲,大喜,急令画,不画,刃迫之,不画,以酒与妇人诱之画。久之,请汇所为画署名,且有粉本。渲染已,大饮,夜抱画寝。及伺之,遁矣!

——毛奇龄《陈老莲别传》

晚明国画大师

17世纪明朝出现了两位大画家,但他们的性格和命运截然不同。一个八面玲珑,在官场进退自如,名利双收;一个孤傲不羁,不容于世,穷困潦倒。他们是董其昌和陈洪绶。

主角
董其昌、陈洪绶

主要成就
董其昌:倡"南北宗"论,开创"华亭画派",书法有"颜骨赵姿"之美;
陈洪绶:中国变形主义人物画的杰出代表,17世纪最具艺术个性的画家

主要作品
董其昌:《岩居图》《秋兴八景图》《遥峰泼翠图》《关山雪霁图》《白居易琵琶行》等;
陈洪绶:《升庵簪花图》《九歌图》《蕉林酌酒图》《无法可说图》《水浒叶子》等

双面人生董其昌

董其昌(1555年—1636年),字玄宰,号思白,别号香光居士,松江府上海县董家汇(今属上海)人,后移居松江府华亭县(今松江城内)。董其昌早年有志科举,但文运不佳,多次会试失利,而专志于书法和绘画艺术。他无钱买纸,就在布袍、床褥及帐子上练字。为求得名迹临摹,他不惜典当家产。经过十多年的刻苦努力,董其昌的书法终有所成,山水画也渐入门径。

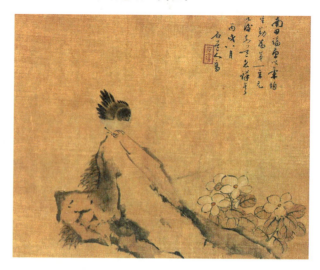

明·董其昌·山石麻雀图
纸本,墨笔。墨色层次分明,拙中带秀,清隽雅逸,以渴笔勾勒山石,皴擦的运用极其准确、灵活,而线条流走轻快,疏密得宜。

万历十七年（1589年），董其昌终于中进士，入翰林院。翰林院中不乏丹青名士，董其昌与同僚诸友切磋书画技艺，因而功力大增，在京中渐有名气。董其昌在任上多次离京远游千里之外，游览祖国大好河山，开拓了襟怀，陶冶了情操，为他的艺术创作提供了鲜活的素材。

董其昌特别注意搜集前人法书宝绘，尤其推崇王维、米芾和"元四家"，认为他们的作品富有诗意，不拘泥于形，有文人韵味。董其昌天资聪颖，通禅理，提倡"性灵""顿悟"，与思想家李贽一见如故，许为莫逆。董其昌把禅家理论引入山水画派，认为文人画如"南宗"，讲求天趣，类"顿悟"；"作家"之画属"北宗"，重苦练，却无天趣，类"渐修"。董其昌的书画"南北宗"之说在士大夫与文人中引起强烈的共鸣，迅速风靡画坛。

万历二十六年（1598年）因受郑贵妃党羽排挤，董其昌告病归乡，一住就是6年。这期间有官僚的身份，而无案牍之劳，清闲而优渥，他创作了《浮岚暖翠图》《神楼图》《枫泾仿古图》《西湖八景图》等描绘江南风光的著名山水画。他的作品，诗、书、画相得益彰，因而被誉为"松江派"的泰斗。

万历三十三年（1605年）春，董其昌被任命为湖广提学副使。他再游潇湘，情不自禁地在舟中濡墨挥毫，表现湖光山色。不过，董其昌学使任上并不顺利，数百名书生在乡绅的怂恿下，哄

明·董其昌·夏木垂阴图

明·董其昌·秋兴八景图
董其昌作于万历四十八年（1620年），画面秋意浓郁，体现了秋山的空灵恬静之美。

逐董其昌，并捣坏官署。他立刻拜疏求去，解绶返里，依然在松江过着悠闲自适的士大夫生活，以书画诗文为乐。

董其昌在家乡写字作画，鉴赏文物，品题字画，赚取利润，加上子弟们仗势生财，数十年间，董其昌居然成为富甲一方的大地主。万历四十三年（1615年）九月，董其昌子董祖常抢夺生员陆兆芳家使女，事情越闹越大。次年春，被人煽动的读书人把董府围住。市井之徒夹杂其中，趁机闯入，抢劫文物珍宝，并火烧董宅。董其昌惶惶然逃到苏州避乱。这次轰动江南的民变，史称"民抄董宦"。

光宗继位，董其昌以帝师身份回到朝廷，但光宗执政一个月就驾崩，魏忠贤与客氏把持朝政。天启五年（1625年），董其昌被任命为南京礼部尚书，一年后即退隐"家居八载"。崇祯五年（1632年），魏忠贤死，政局趋向清明，77岁的董其昌再次出仕。次年，朝中党争又起，不久董其昌又请求退归乡里。从35岁走上仕途到80岁告老还乡，为官18年，归隐27载。崇祯九年（1636年）秋，董病逝于松江，享年82岁。

画坛怪杰陈洪绶

陈洪绶（1599年—1652年），字章侯，幼名莲子，一名胥岸，号老莲。明亡后削发为僧，改号悔迟、云门僧、九品莲台主者等。陈洪绶是浙江诸暨人，父亲乃一屡试不第的秀才。他天资颖异，很小时就表现出罕见的绘画天赋，画家蓝瑛见到他的绘画后，赞叹说："等他长大了，吴道子、赵子昂也要拜下风。"

万历四十三年（1615年），陈洪绶赴绍兴蕺山，师从浙东名儒刘宗周。刘氏乃蕺山学派创始人，为人沉毅刚直，博学多才，又忧国忧民，这也影响了陈洪绶。课读之暇，他与同窗好友追慕屈原、李贺遗风，作诗唱和为乐。为了表达对屈子爱国之心的仰慕之情，他还乘兴绘《九歌人物图》《屈子行吟图》。他又沉溺《华严经》，致忘寝食。此

明·陈洪绶·童子礼佛图

外，他还学米芾草书，笔法遒劲、奔放，颇有古风。

天启三年（1623年），陈洪绶妻来氏染病亡故，他北上京师，图谋一展抱负，却度过了沮丧潦倒的一年，失望而归。在家乡，他结识县主簿周文炜之子周亮工，许为笔墨之友。不久，陈洪绶到杭州"岣嵝山房"读书，认识了文学家"死老鬼"张岱，惺惺相惜，遂为一生知己。就在这时，他娶韩氏女为续弦，生活颇为舒畅。他为《西厢记》《水浒》等书创作插图，所绘《水浒人物》，大量运用方笔拐折，动感强烈，活灵活现。他又载酒泛舟，陶醉在钱塘绿水青山中，创作了《娇红记人物图》《古木秋天图》《凤尾墨竹图》《松石罗汉图》《来鲁道夫人行乐图》《宣文君授经图》等著名作品。

崇祯十三年（1640年），陈洪绶赴京，以国子监生召为舍人，临历代帝王像，得以纵观内府书画，技艺猛进。他倾心揣摩古人技法，融会诸长，自成一家。他的人物画多取材古代文人高士，深得古意，躯干伟岸，造型古雅、奇骇夸张，形神毕具。设色学唐人吴道子，一反世俗所尚浓艳之趣。其力量气局，超拔峻厉，超乎仇（英）唐（寅）之上。不久，他被任命为内廷供奉。但陈洪绶目睹奸臣弄权，因而托辞不赴。

崇祯十七年（1644年），北京沦陷，皇帝自缢的消息传到江南，陈洪绶无比悲痛，吞声哭泣，时而纵酒狂啸，时而与游侠少年椎牛埋狗，人称"狂士"。次年，清军进军江南。陈洪绶的恩师刘宗周杀身成仁，同窗好友也多含愤自尽。陈洪绶悲愤之余，欲投奔南明政权，但见官军名为抗清，实为虐民，遂拒绝了南明政权的委任。满腔悲愤唯有从诗画中得到宣泄，他挥毫泼墨，绘《雷峰西照小景》《钟馗像》等，笔墨之间浸透着忧国伤时的悲愤之情。

顺治三年（1646年），清军占领浙东，陈洪绶被清兵俘获，因拒绝作画而险遭杀害。六月，他潜至城南云门山，迫于生计，改号披缁，借僧活命。作长诗《官军行》《搜牢行》，描写了清军入侵带来的深重灾难。顺治四年（1647年），陈洪绶回到城内青藤书屋，时值清兵大肆杀害百姓，他不敢外出，终日写诗作画。又每日羞愧于自己

的"不忠不孝",惶惧不安。顺治六年(1649年),他移居杭州吴山,作《西湖垂柳图》,借湖光美景表达黍离之悲。绘《斗草仕女图》《折梅仕女图》,仕女穿宽袖唐装,表达汉唐衣冠之美。

陈洪绶晚年孤傲不屈,拒不为清廷服务,过着温饱不济的生活,每得佳酿,辄烂醉方休。故交周亮工降清得官,路过杭州索画,他作《归去来图》,此画有古朴之风,出神入化,以陶渊明表明心志,劝友人不要服务清廷。顺治九年(1652年),陈洪绶忽然离开杭州回到诸暨,与旧时交游流连不忍相舍,不久病逝,享年54岁。或说他"才多不自谋,有黄祖之祸",被降清明将田雄暗杀;或说是为杭州卢子由所害。

明·陈洪绶·林亭清话图扇面
构思立意高古,寄情深远,人物工整,线条收放自若,手法上有适度的变形,注重装饰。此画现藏于美国纽约大都会艺术博物馆。

明·陈洪绶·晋爵图

> 明代

今书坊相传，射利之徒，伪为小说杂事，农工商贩抄写绘画，家畜而人有之，痴文妇，尤所酷好。

——叶盛《水东日记》

争奇斗艳的明代小说

明代小说打破了正统诗文的垄断地位，深受各阶层的欢迎。相传努尔哈赤爱读《三国演义》，农民起义领袖以梁山好汉自许。小说的空前繁荣，意味着平民文化的兴起，也在某种意义上影响到了明朝的命运。

起源
宋元话本

背景
市民阶层日益壮大，明代印刷术的进步，刻书业的发展

特征
以白话为创作语言，与以文言文为语言的中国古代文学传统完全不同

类型
演义、神魔、世情、公案、拟话本等

代表作
《三国演义》《水浒传》《西游记》及"三言""二拍"等

"权谋教科书"《三国演义》

《三国演义》是历史演义类小说的代表。所谓历史演义，就是以某一朝代的事实历史为基础，吸取野史杂说和民间传说，扩展演绎而成，基本上是"七分事实，三分虚构"，如《杨家将演义》《东周列国志》《三国演义》等。《三国演义》原题《三国志通俗演义》，罗贯中著。作者以元代话本《三分事略》和《三国志平话》为基础，熔正史、民间传说为一炉创作而成。小说通过讲述东汉末年魏、蜀、吴三国的建立和兴衰过程，描绘了统治阶级内部斗争的生活，兼有外交、军事、战争等方方

《三国演义》中蜀国结义三兄弟

面面，涵盖了丰富的历史内容，但也因包含了大量权谋内容，而成为野心家学习权谋诡计的教科书。清初康熙年间，毛宗岗修改此书，使之成为如今通行的一百二十回本。

"农民运动指南"《水浒传》

《水浒传》是英雄传奇类小说的代表。这类小说虽亦取材于史事，但与历史演义小说不同，不重叙述历史过程，而以描写英雄人物为主。《水浒传》或题施耐庵著，或题施耐庵、罗贯中合著，主要描写了宋江等人被逼上梁山的故事。作者广泛搜集民间传说、话本、杂剧，以《大宋宣和遗事》为蓝本，在《宋江三十六人赞》基础上，创造了一百零八将的英雄谱，书中虚构成分比《三国演义》为多。小说以高俅发迹作为故事的开端，意在表明"乱自上作"，描写了大批贪官污吏和地方恶霸，紧扣"逼上梁山"的主题，歌颂了反抗不公的落草英雄。《水浒传》因宣扬暴力反抗而曾被禁毁，但在民间广泛流传，家喻户晓。近代以来，更是走向世界，成为世界古典文学宝库中的璀璨明珠，被称作"农民运动指南"。

"猴王的奋斗"《西游记》

《西游记》是神魔小说的代表。这类小说内容涉及鬼神魔怪，充满奇异的幻想，显然受到宗教的不同程度影

《水浒传》中故事场景图

《西游记》中故事场景图

响。饱历沧桑、深谙世态的吴承恩在宋元话本《大唐三藏取经诗话》、杂剧《西游记》基础上，悉心搜采相关民间传说、话本、杂剧，汲取佛教故事、道教理论，通过自己对生活的丰富而复杂的感受，写成《西游记》，为后人留下一份不朽的文学遗产。《西游记》熔神话、传奇、志怪、演义、童话于一炉，情节神奇变幻，浪漫多姿，塑造了孙悟空、猪八戒、唐僧、沙和尚、牛魔王等有鲜明个性的艺术形象，着重描写孙悟空一路上不畏强暴、勇往直前的英雄气概，以表达作者的爱憎和追求，寄寓了挣扎在功名线上的玩世不恭之意。明中叶以后产生的神魔小说还有《封神演义》《平妖传》《三宝太监西洋记通俗演义》《西游补》等。

世情小说

《金瓶梅》是世情小说的代表。这类小说以社会现实为题材，记述些风流放纵之事，夹杂悲欢离合，刻画世态炎凉。《金瓶梅》约在明神宗时问世，作者自署兰陵笑笑生。小说以写实的手法，对明代社会的黑暗和统治阶级的荒淫腐朽，做了真实细腻的刻画。这书既非大量取材史书，也非以来自民间流传的故事作素材，而是博采世情的个人独创。小说成功揭露了当时腐朽得发霉的地主阶级的放纵生活，但并没有对之进行明确的批判，反而写入了大量女尼的宣讲、娼妓的唱词和色情的细节，影响了其艺术成就。

公案小说

公案小说，由宋话本公案类演义而成。宋人所存留的公案小说，以平反刑狱之类居多，如单篇的错斩崔宁、简帖和尚、沈小官一鸟审七命等。明末社会腐败、政治黑暗，公案小说兴起。明人整理的《龙图公案》是包公故事短文集，具有开创意义。此外，较著名的有李春芳著《海刚峰先生居官公案传》，无名氏著《包孝肃公百家公案演义》及余象斗著《皇明诸司公案传》等，分别歌颂了历史上著名的清官海瑞、包拯、况钟等，反映了人们对腐败黑暗势力的痛恨。这类小说一般都追求情节的离奇曲折，但人物形象则大多是脸谱化的清官，宣扬"善恶必报"的道德理想。

秦香莲故事场景
最早出自明万历年间的小说《百家公案》中《包公演义》第二十六回《秦氏还魂配世美》，改编成戏曲后而变成家喻户晓的公案。

短篇小说

明中叶以后，随着宋元话本的整理刊行，文人摹拟话本而创作白话短篇小说之风日盛。收集作品较多而对后世影响较大的是天启年间冯梦龙编辑的《喻世明言》（初题《古今小说》）《警世通言》和《醒世恒言》，合称"三言"。每集收话本40篇，包括宋元话本、明代拟话本两部分，《杜十娘怒沉百宝箱》《卖油郎独占花魁》是其代表。明末凌濛初独立创作了拟话本《初刻拍案惊奇》《二刻拍案惊奇》，合称"二拍"，勾勒出一幅资本主义萌芽时期中国社会的生活画卷。《三言》传到日本，促进了扶桑通俗文学的发展，日本文学家仿其书体，撰成日本的"三言"。"三言""二拍"的精选集《今古奇观》跨洋渡海，成为中国第一部被介绍到欧洲的小说集。

明代

先辈云，元时人刻书极难。……前明书皆可私刻，刻工极廉。闻前辈何东海云，刻一部古注《十三经》，费仅百余金。故刻稿者纷纷矣。

——《书林清话》

盛行的刻书之风

中国自古是造纸和印刷的国度，技术的发展和市民文化的兴起，使得明代刻书之风达到极盛。当时江南流行着这样一句话："备它一顶轿，要它一个小，刻它一部稿"，刻稿出书是明朝"成功人士"必为之事。

背景
经济繁荣，活跃的学术气氛，宽松的出版政策

分类
官刻、私刻、坊刻

主要地区
京师、吴、越、闽、徽地区

印刷板材类型
木板、金属板

技术特征
金属活字大量应用；宋体字走向成熟；彩印技术获得发展

传世名作
闵刻五色《南华经》、饾版拱花印本《十竹斋画谱》、铜活字印本《春秋繁露》

《寰有诠》书影
葡萄牙传教士傅汎济（1587年—1653年）与中国学者李之藻（1565年—1630年）合作翻译的亚里士多德《宇宙学》译本《寰有诠》，该书刊刻非常精美细致。

明代是刻书之风大盛的时期。朱元璋大力扶持文化事业，下诏去除书籍和笔墨等图书生产物料之税，废除了元朝的审查制度，无论官府、私宅、坊肆，或达官显宦、读书士子、太监佣役，只要"有钱"，皆可刻书。连明人也不无讥讽地说："读书人能中一榜，必有一部刻稿；屠沽小儿没世，必有一篇墓志。幸亏这些板籍不久即灭，假使长存，则虽以大地为架子，也存放不下了！"

明中叶以后出现了不少藏书、刻书名家，如苏州袁褧嘉趣堂，无锡的华氏、安氏，钱塘洪楩清平山堂等，尤以刻书成癖的常熟毛晋为著。

明代印刷业的中心有南北两京、苏杭、徽州、湖州等地。所印书籍内容丰富，包罗万象，所用文字有蒙、藏、女真等少数民族文字和日、梵、波斯、拉丁等外文。

万历年间，湖州闵齐伋、凌濛初两家已将彩印广泛

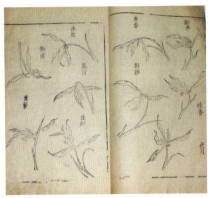

（左上）万历三十七年槐荫草堂刻本《三才图会》、（左下）明万历刻本《武备志》、（右）明万历金陵唐氏富春堂刻本

明代刻书机构比前朝更多，分官刻、私刻、坊刻几种。官刻本中有内府本（包括经厂本）、国子监本以及其他中央机构和地方官刻的书帕本，还有各藩王府所刻印的藩府本。

应用于刻印书籍，其色彩由两种到五种不等，有些戏曲小说还附有精美的彩色插图。此外，明代还首创蓝印，多作初印样本，以便用墨笔校改。万历时，还曾用白色银粉，在瓷青棉纸上印成《大乘观世音菩萨普门经》，在印刷史上甚为罕见。

明代还发明了"饾版"和"拱花"。"饾版"是将彩色画稿勾描下来，然后根据画的色彩浓淡，分若干部分，刻成几块甚至几十块雕版，再逐色由浅入深依次套印。这样印出的作品效果极好，几乎与原作无异。"拱花"就是凸印，即将雕版加力压印在纸上，使花纹凸起。现在可见的早期饾版拱花印本有天启年间的《萝轩变古笺谱》，以及天启至崇祯年间刻印的《十竹斋画谱》和《十竹斋笺谱》等。

明代还创用、发展了铜、铅、锡等金属活字印刷术。《金台纪闻》记载，正德三年（1508年）之前，江苏常州人就用铜、铅为活字。刻书家华燧曾于弘治三年（1490年）用活字铜版刊印《宋诸臣奏议》，后来又印有《锦绣万花谷》《容斋随笔》等。据统计，明代铜活字有本可考者约有60种。

1368年—1644年

- **1509年** / 王守仁开始讲授『知行合一』学说
- **1517年** / 世宗即位,『大礼议』起
- **1553年** / 葡萄牙占据澳门为通商地
- **1563年** / 戚继光等大破倭寇,倭寇渐平
- **1572年** / 张居正任首辅,实行改革
- **1592年** / 丰臣秀吉入侵朝鲜,明军入朝抗倭
- **1594年** / 东林书院建立,东林党议开始
- **1619年** / 明金萨尔浒之战
- **1626年** / 宁远大捷,努尔哈赤死
- **1627年** / 陕西饥民起义,拉开明末农民起义大幕
- **1629年** / 己巳之变。袁崇焕下狱
- **1644年** / 李自成攻入北京。崇祯帝自缢于景山

- **1547年** / 伊凡四世加冕沙皇
- **1562年** / 法国胡格诺战争爆发
- **1566年** / 尼德兰资产阶级革命开始
- **1582年** / 丰臣秀吉当政
- **1588年** / 英国击败西班牙无敌舰队
- **1598年** / 德川家康开创日本江户时代
- **1600年** / 英国东印度公司成立
- **1618年** / 欧洲爆发『三十年战争』
- **1620年** / 『五月花号』抵达美洲
- **1640年** / 英国资产阶级革命开始

中外大事年表对比

- 1368年 / 朱元璋建立明朝,元朝灭亡
- 1380年 / 胡惟庸案发,前后死者三万余人
- 1382年 / 明太祖置锦衣卫,统辖镇抚司
- 1393年 / 蓝玉案发,株连死者一万五千余人
- 1398年 / 明太祖驾崩。建文帝朱允炆即位
- 1399年 / 「靖难之役」爆发,持续三年
- 1405年 / 郑和第一次下西洋
- 1421年 / 迁都北京,以南京为留都。置东厂
- 1449年 / 土木之变,英宗被俘。北京保卫战
- 1457年 / 「夺门之变」,英宗复辟,杀于谦
- 1505年 / 明武宗朱厚照即位。刘瑾渐得势

- 1378年 / 天主教会大分裂
- 1392年 / 李成桂建李氏朝鲜
- 1429年 / 圣女贞德领导法军在奥尔良战役中取胜
- 1453年 / 穆罕默德二世灭亡拜占廷帝国
- 1455年 / 英国玫瑰战争爆发
- 1492年 / 哥伦布到达美洲。西班牙称雄海上
- 1500年 / 达·芬奇创作《蒙娜丽莎》,文艺复兴达鼎盛
- 1517年 / 路德发表九十五点论纲,宗教革命开始
- 1520年 / 苏莱曼即位,奥斯曼帝国达到巅峰
- 1526年 / 印度莫卧儿工朝建立

少年中国史
Chinese History for Teenagers

创作团队

【项目策划】 尚青云简

【文稿提供】 徐伟

【图片支持】 Fotoe.com　Wikipedia　郝勤建　秋若云　堂潜龙